实践应用型学前教育专业精品教材

学前儿童健康教育

主　编　张　芳　贺　霞　刘　伊
副主编　李明灯　陈相钰　张萍丽
汪六琴　薛林青

中国人民大学出版社
·北京·

图书在版编目（CIP）数据

学前儿童健康教育 / 张芳，贺霞，刘伊主编．
北京 ：中国人民大学出版社，2025．1．--（实践应用型
学前教育专业精品教材）．-- ISBN 978-7-300-33590-2
Ⅰ．G613.3
中国国家版本馆 CIP 数据核字第 2025961GF3 号

实践应用型学前教育专业精品教材
学前儿童健康教育
主　编　张　芳　贺　霞　刘　伊
副主编　李明灯　陈相钰　张萍丽　汪六琴　薛林青
Xueqian Ertong Jiankang Jiaoyu

出版发行	中国人民大学出版社		
社　　址	北京中关村大街 31 号	**邮政编码**	100080
电　　话	010－62511242（总编室）		010－62511770（质管部）
	010－82501766（邮购部）		010－62514148（门市部）
	010－62511173（发行公司）		010－62515275（盗版举报）
网　　址	http://www.crup.com.cn		
经　　销	新华书店		
印　　刷	北京七色印务有限公司		
开　　本	787 mm × 1092 mm　1/16	**版　　次**	2025 年 1 月第 1 版
印　　张	10.25	**印　　次**	2025 年 1 月第 1 次印刷
字　　数	173 000	**定　　价**	38.00 元

前言

健康是学前儿童全面发展的基石，是学前儿童教育的核心要素之一。在幼儿园的五大领域教育中，健康教育与社会、语言、科学、艺术等领域密切相关，直接影响着学前儿童的身心发展和学习效果。3～6岁是儿童身体快速发育和机能迅速发展的时期，也是形成安全感和积极生活态度的关键阶段。通过健康教育，学前儿童不仅能够获得基本的健康知识和技能，还能培养良好的生活习惯和积极的生活态度，为未来的学习和生活打下坚实的基础。因此，重视并加强学前儿童健康教育，是每一位学前教育工作者的使命和责任。为此，教师和家长应为学前儿童提供合理均衡的营养，保证其充足的睡眠和适宜的锻炼；同时创设温馨的人际环境，让学前儿童感受到亲情和关爱，并引导学前儿童养成良好的生活与卫生习惯，提高自我保护能力，促进其身心全面健康发展。

本教材是中国学前教育研究会“十四五”课题（“课程思政”视域下学前教育专业教学实践研究——以“学前儿童健康教育”课程为例，课题编号：K20210710）研究成果，旨在为学前教育专业的学生提供全面系统的指导。教材融入课程思政元素，通过健康教育培养学生的社会责任感和职业道德。本教材强调以学生为中心的教育理念，注重理论与实践的结合，采用任务驱动的形式，通过实践活动，激发学生的学习兴趣和主动性。本教材的创新点还在于每章嵌入精心制作的康奈尔笔记结构，通过“线索区—笔记区—总结区”三区布局，帮助学生提炼关键概念并构建系统知识体系，引导学生有效梳理和内化专业知识，促进批判性思考，实现从知识接受到反思实践的转变。同时，通过生动的案例和具体的教学活动设计，帮助学生更好地理解和应用所学知识，提升他们的专业能力和实践水平，使他们未来能够胜任学前教育工作。课程设计不仅关注知识的传授，还注重育人导向，旨在通过全员参与探究式学习和共情内化育人的形式，培养学生更加积极、有意义的学习态度，增强其社会责任感。

本教材共分为八个项目，其中，项目一是绪论，主要介绍学前儿童健康教育的概念、意义、现状和发展趋势。项目二是学前儿童健康教育活动设计与实施，主要介绍学前儿童健康教育的目标、内容、设计思路和实施路径。项目三是学前儿童身体认知与保护教育，主要介绍身体认知与保护教育的意义、目标、内容、原则及活动设计与实施。项目四是学前儿童饮食营养教育，主要介绍饮食营养教育的意义、原则、途径、活动设计与实施及应注意的问题。项目五是学前儿童生活能力与卫生习惯教育，主要介绍生活常规教育、自理能力教育和卫生习惯教育的目标、内容与方法。项目六是学前儿童安全教育，主要介绍安全问题的特征、发生原因以及安全教育的目标、内容、实施途径及注意事项。项目七是学前儿童体育教育，主要介绍体育教育的内涵、价值、原则、规律及体育活动的设计与实施。项目八是学前儿童健康教育评价，主要介绍健康教育评价的意义、原则、内容和方法。通过学习这些内容，学生将系统掌握学前儿童健康教育的理论知识和实践技能，并能够在实际教学中有效应用，为学前儿童的健康成长保驾护航。

本教材由武汉文理学院张芳、贺霞、刘伊三位老师担任主编。在教材的编撰过程中，各位老师分工明确，各司其职。张芳老师肩负重任，全面统筹教材编写工作，主要负责教材的整体设计、框架结构、课程思政元素融入、各项目案例撰写以及项目二到项目五部分内容的编写，此外还承担全书的统稿和修改工作，以确保教材内容的系统性和连贯性。贺霞老师负责项目一和项目六的编写，凭借其扎实的专业知识和丰富的教学经验，对这两部分内容进行了专业且翔实的阐述。刘伊老师负责项目八的编写，通过深入研究与精心撰写，为这部分内容赋予了独特的见解与价值。此外，还有多位副主编参与了本书的编写，他们同样贡献颇丰。武汉曙光幼儿园园长李明灯老师负责项目七的编写，将幼儿园一线的实践经验与理论知识相结合，使该部分内容更具实用性与针对性；武汉文理学院的陈相钰老师负责项目四的编写，以其严谨的治学态度为这一项目增色不少；武汉曙光幼儿园的张萍丽老师负责项目三的编写，凭借对学前教育的深刻理解，呈现出贴合实际的精彩内容；安庆师范大学附属幼儿园的汪六琴老师负责项目二的编写，其丰富的园所教学实践成果在该章得以充分展现；武汉文理学院的薛林青老师负责项目五的编写，为这部分内容融入了新颖的视角与独到的思考。

最后，衷心感谢所有为本教材的编写付出辛勤劳动的老师们，你们的智慧和经验使这本教材的编写得以顺利完成，也使这本教材具备了丰富的内容和系统的结构。感谢所有给予我们宝贵意见和建议的专家、教师和学生，你们的反馈是我们不断改进和完善的动力。由于本教材涉及的内容广泛，而编写者水平有限，因此难免有不足之处，我们恳请专家、教师、家长和学生继续提出宝贵意见，我们将虚心接受，认真对待，并在未来的修订中不断完善，以期为学前教育专业的学生提供更好的学习资源。希望本教材能为学前儿童健康教育的理论研究和实践操作提供有力支持，为未来的学前教育工作者的教学实践提供指导和帮助，为学前儿童的健康成长保驾护航。

编者

目 录

项目一

绪　论

学习目标

知识目标：

1. 理解学前儿童健康教育的基本概念。

2. 认识学前儿童健康教育的意义。

3. 掌握学前儿童健康教育的发展趋势。

能力目标：

1. 能够分析学前儿童健康教育的现状。

2. 能够评估学前儿童健康教育所面临的挑战。

3. 能够识别未来学前儿童健康教育的方向。

素养目标：

1. 树立正确的职业道德观念。

2. 培养社会责任感，认识到学前儿童健康教育在推动国家发展中的重要意义。

3. 树立正确的儿童观，关注学前儿童的全面发展。

案例导入

小明是一个4岁的男生，因家长缺乏健康教育意识，他形成了不健康的生活习惯，如常吃快餐和高糖零食，缺乏户外运动。体检显示他体重超标，视力下降。面对这一问题，幼儿园教师采取行动，为他设计了包括营养、体育和心理健康在内的健康教育活动。教师不仅在园内实施这些活动，还举办了家长工作坊，指导家长如何在家培养健康生活习惯。几个月后，小明的生活习惯明显改善，开始吃健康食品、多做户外运动了。渐渐地，小明体重恢复了正常，视力问题得到缓解，个性更加活泼开朗，社交能力也有明显提升。

知识卡片

关键词	笔记栏
• 健康概念 • 教育意义 • 发育特性 • 健康标准 • 健康问题 • 发展趋势	**任务一　理解学前儿童健康教育的概念及意义** **1. 基本概念** - 健康：生理、心理、社会三维度完满状态 - 学前儿童健康：3～6 岁儿童身心发展水平达标 - 健康教育：有组织、有计划、有目的的健康促进活动 **2. 教育意义** - 保证身心健康发展需要 - 构成素质教育重要内容 - 奠定终身健康和生命质量基础 - 服务国家、民族发展 **任务二　把握学前儿童健康教育现状及发展趋势** **1. 生长发育特性** - 迅速性：生长发育迅速 - 不等速性：身高、体重及各器官发展不同步 - 连续性：阶段性持续发展 - 大脑发育重要性：关键期 **2. 健康标准** - 健康的身体 - 良好的抗病能力 - 健康的五官 - 良好的心理与社会适应能力 **3. 发展趋势** - 多通道实施：幼儿园＋家庭＋社会 - 三维度结合：生理健康＋心理健康＋社会适应

总结栏

1. 核心要点
- 学前儿童健康教育是一个多维度、系统性的教育过程
- 关注 3~6 岁儿童身心全面发展
- 需要幼儿园、家庭、社会三方协同
2. 实践启示
- 注重发展特性，把握关键期
- 遵循健康标准，全面促进发展
- 整合多方资源，形成教育合力
3. 记忆助手
- 健康三维：生理 – 心理 – 社会
- 发育特点：“快不连脑”
- 健康标准：“身抗官适”
- 实施路径：“园家社”联动

任务一 理解学前儿童健康教育的概念及意义

任务分析

本任务的内容是深入理解学前儿童健康教育的概念及意义。通过探讨健康定义的变化、学前儿童健康的多维度特征，以及健康教育对个人和社会的深远影响，本任务将揭示学前儿童健康教育的核心价值和目的。这不仅包括理论学习，还涉及对实际案例的分析和课堂讨论，以增强学生的理解、促进学生参与。

知识准备

一、学前儿童健康教育的基本概念

（一）健康的概念

人们普遍认为身体没有病就是健康。有人说得更具体：不吃药、不打针、不感到

身体不舒服就是健康。但事实上，健康是一个综合的、历史性的概念。随着人类社会的发展，人类对健康的要求和认知也在不断变化、更新和扩展。

在世界卫生组织的定义中，健康的概念随着时间的推移而不断扩展和深化。1948年，健康被定义为不仅仅是没有疾病或不虚弱，而是包括身体、心理和社会适应方面的完好状态。这一定义强调了健康是一个多维度的概念，强调了个体在社会中的适应能力。到了1986年，健康的定义进一步扩展，强调健康是每天生活的资源，而不仅仅是生活的目标。这一概念将健康视为一种积极的状态，它不仅仅是避免疾病，而且强调社会和个人的资源以及个人躯体的能力。1989年，健康的定义再次得到丰富，不仅包括躯体健康、心理健康和社会适应良好，还包括道德健康。这一定义明确了健康是一个全面的概念，个体在道德层面的积极向上和完美状态也是健康不可或缺的因素。

在这些定义的基础上，我们可以进一步理解健康的具体方面：躯体健康是指人体在形态、结构、机能、体能和环境适应上的良好状态；心理健康是指人在情绪、意志、平衡人际及社会关系等方面处于良好状态；社会适应良好是指人自身在适应社会环境的变化与发展过程中处于良好状态，包括群体关系、应变能力、处理角色和工作能力等方面；道德健康则是指人的信仰、品德、情操、人格等处于积极向上、高尚和完美的状态。

健康的最新定义表明，一个人只有在躯体、心理、社会适应和道德等方面保持相对平衡和良好的状态，才能称得上完全的健康。这种全面的健康观强调了个体在不同生活领域中的和谐与平衡，为我们提供了一个追求健康生活的全面框架。

（二）学前儿童健康的概念

学前儿童健康是指学前儿童身体各个器官、各个组织发育正常，没有身体缺陷（如视力不良、扁平足、龋齿、姿势性脊柱弯曲异常、沙眼等），性格开朗，情绪乐观，对环境有较强的适应能力。学前儿童健康主要包括生理健康、心理健康与良好的社会适应性。

第一，学前儿童生理健康。学前儿童生理健康是指学前儿童各个器官、组织的生长发育正常，没有生理缺陷，能有效抵抗各种急、慢性疾病，体质不断增强。体质是人体的质量，是一切生命活动的基础，健康是良好体质状况的反映和表现。学前儿童身体各个器官、组织的正常生长发育和生理系统的正常运作是保证健康的前提。明显的生理缺陷必然会导致生理障碍，因而，诸如器官或者组织的缺陷或功能异常、视力不良、贫血、呼吸道感染等异常或疾病，以及肥胖、瘦弱、体格生长偏离等，都属于不健康状态。

第二，学前儿童心理健康。心理健康是人的内心世界与客观环境的平衡，是自我与他人的平衡。当前业界对心理健康的界定尚不统一，但一般都认为心理健康的个体具有以下特征：有幸福感和安全感，遵守社会规范，能够适应周围环境，能够调节人际关系，具有应变、应急及从疾病或危机中恢复的能力，具有自我实现的理想和能力。学前儿童心理健康是指学前儿童人格发展正常，具有强烈的求知欲，情绪稳定，无任何心理障碍。良好的心理状态是保证健康的基本条件。

第三，学前儿童良好的社会适应性。学前儿童的社会适应性是指学前儿童在生物特性的基础上，在由自然人发展为社会人的社会化过程中所形成的心理特性。良好的社会适应性表现为在与环境相互作用的过程中，能够掌握社会规范，形成社会技能，学习社会角色，获得社会性需要、态度、价值等，发展社会性行为，并以独特的个性与他人相互交往、相互影响，适应社会环境。学前儿童在社会生活中会产生人际交往、合作、友情、尊重等愿望和需求。这些需要的满足依赖于个体对社会的适应，同时，它们又能促进个体社会适应能力的发展。因此，良好的社会适应性是学前儿童智力发展的基础，是其终身发展的需要。

（三）学前儿童健康教育的概念

学前期是身体和心理发育、发展的重要时期，学前期的健康教育，不仅关系到学前儿童当前的健康状况，也会对其未来的发展产生重要、深远的影响。树立正确的健康观念是开展幼儿园健康领域工作、促进学前儿童健康成长的认知基础。《幼儿园教育指导纲要（试行）》（以下简称《纲要》）明确指出：“幼儿园必须把保护幼儿的生命和促进幼儿的健康放在工作的首位。”《3～6岁儿童学习与发展指南》（以下简称《指南》）在健康领域从幼儿身心状况、动作发展、生活习惯与生活能力三个方面提出了幼儿健康发展的目标和教育建议，着重强调了三点：一是幼儿积极、健康的身心状况不仅是身体健康，也包括心理健康；二是促进身体动作和手的精细动作发展；三是具有良好的生活与卫生习惯、基本的生活自理能力和自我保护能力。

学前儿童健康教育专注于促进学前年龄段儿童的全面发展，目的是提高学前儿童的健康认识、改善学前儿童的健康态度并培养学前儿童的健康行为。学前儿童健康教育根据学前儿童身心发展的特性，通过有组织、有计划和有目的的教育活动来展开，它涵盖了身体认知与保护教育、饮食营养教育、生活能力与卫生习惯教育、安全教育、体育教育等多方面，不仅重视学前儿童的生理健康，如营养、运动和个人卫生，还关注学前儿童的情感表达、社交技能的发展，旨在确保学前儿童在进入正规教育系统之前，就已经具备健康的生活方式和坚实的身心基础，让他们在未来的学习和生活中能够展现出更好的适应性和综合能力。总而言之，学前儿童健康教育是根据学前儿童身心发展的特点，以提高学前儿童健康认识、改善学前儿童健康态度、培养学前儿童健康行为、维护和促进学前儿童的身心健康为核心目标，有组织、有计划、有目的地开展的一系列教育活动。

二、学前儿童健康教育的意义

对学前儿童进行健康教育是学前儿童身心发展的需要，是学前儿童教育必不可少的组成部分，也是人类进步的必然要求。无论是从社会的发展还是从学前儿童个体的发展来看，学前儿童健康教育都具有十分重要的意义。

（一）保证学前儿童身心健康发展的需要

陈鹤琴先生认为，“幼稚园第一要注意的是儿童的健康”。夸美纽斯认为，学前教育的目的在于培养儿童体力、智力和道德的初步基础，特别要重视儿童的健康。学前儿童身体各个器官、组织的功能尚未发育完善，自我保护意识和对疾病的抵抗能力较弱，对外界环境的适应能力差，容易受到各种伤害；同时，学前儿童心理发展迅速，易受多种因素影响，出现多种行为问题和心理异常。因此，让学前儿童主动参与一些力所能及的健康教育活动，可以消除危害因素，纠正不良的生活卫生习惯，降低发病率。在接受健康教育的过程中，学前儿童还能够学到许多健康知识，树立正确的健康态度，形成有利于自己和他人健康的行为。

（二）全面素质教育不可缺少的教育内容

身心健康是学前儿童全面和谐发展的基本条件，是培养其智能素质、品德素质和审美素质的基础。健康的身体是个体求得生存并获得良好的社会化发展的必备条件。学前儿童健康教育在促进学前儿童身体健康发育的同时，对学前儿童道德的发展也有着积极的影响。丰富多彩的健康教育活动不仅能够满足学前儿童游戏和探索的需要，也有助于他们学习自我服务技能，还能纠正学前儿童的某些不良习惯，培养讲究文明和遵守社会公德的行为，让他们学会与同伴和谐相处，感受和创造健康美……这些都有利于学前儿童身心的全面和谐发展。

（三）为终身健康和生命质量奠定良好的基础

英国伟大的哲学家和启蒙思想家约翰·洛克认为，“人生幸福有一个简短而充分的描述：健全的心智寓于健全的身体，凡身体和心智都健全的人就不必再有什么别的奢望了；身体和心智如果有一方面不健全，那么即使得到了别的东西也是枉然”。人在生命历程的每一个阶段都必须高度重视健康问题，任何时候都不能放松对健康知识的学习和应用。学前期是人生的奠基时期，因此，该阶段的健康显得尤为重要。学前期的健康不仅能提高学前儿童的生命质量，而且能为其一生的健康打下良好的基础。学前儿童健康教育是终身健康教育的基础，所以对学前儿童进行健康教育，培养其健康的生活理念和生活方式，对提高他们一生的生活质量和生命质量具有重要意义。

（四）国家、民族发展的需要

《中共中央、国务院关于深化教育改革全面推进素质教育的决定》指出：“健康体魄是青少年为祖国和人民服务的基本前提，是中华民族旺盛生命力的体现。”陈鹤琴先生认为：“健全的身体是一个人做人、做事、做学问的基础。”也就是说，关注人生早期的健康教育是国家和民族发展的需要。人类的发展、社会的进步，需要一代又一代人的不断努力和创造。下一代的身心素质和竞争力，直接关系到科学技术的进步、国家经济的发展，乃至整个社会文明的进步。因此，学前儿童的健康是提高人口素质、民族素质的重要保证。只有实现个体的身心健康，才能促进整个社会的健康发展，才能建设强大而繁荣的国家。

课堂讨论

1. 如何理解世界卫生组织关于健康的不同定义？健康的定义与学前儿童健康教育有何关联？

2. 学前儿童健康教育对社会和个体来说具有怎样的意义？

实例分析

在一所幼儿园中，教师观察到一些学前儿童因为不良饮食习惯，如偏食、挑食等而出现了营养不均衡的问题。为了应对这一问题，幼儿园决定实施一项全面的健康教育计划。该计划不仅包括健康饮食教育，还涉及体育活动、情感健康教育和社交技能的培养。经过一系列的互动课程，如注重营养平衡的烹饪课、有趣的体育游戏和鼓励情感表达的角色扮演，学前儿童开始意识到健康饮食和良好生活方式的重要性。一个学期后，这些学前儿童不仅在体质上有了明显改善，在情感和社交方面也表现出更积极的态度。

讨论问题：为什么全面的健康教育对学前儿童的身心发展至关重要？该健康教育计划是如何帮助学前儿童改变不良的饮食习惯和生活方式的？家庭和社区应如何与幼儿园合作，共同促进学前儿童的健康教育？如何将这种健康教育的理念和方法推广到更多的幼儿园和家庭中？

任务测评

一、多选题

1. 世界卫生组织对健康的定义包括哪些方面？(　　)

A. 躯体健康　　B. 心理健康
C. 社会适应　　D. 道德健康

2. 学前儿童的社会适应教育包括哪些内容？(　　)

A. 学习遵守社会规则　　B. 提升社交技能
C. 了解环境保护的重要性　　D. 培养独立解决问题的能力

二、实务题

1. 鉴于家庭在学前儿童健康教育中的重要作用，请制订一项计划，鼓励和指导家长在家中支持和加强幼儿园的健康教育。这个计划应包括具体的家庭活动建议、可利用的家庭教育资源和对家庭环境中健康生活方式的推广策略。

2. 组织一次模拟的健康教育活动，如模拟超市购物活动，让学前儿童学习如何选择健康的食物。记录活动过程，并分析其对学前儿童健康意识的影响。

任务小结

本任务深入探讨了学前儿童健康教育的概念及意义。从世界卫生组织对健康的多维定义出发，分析了健康的四个维度——躯体健康、心理健康、社会适应和道德健康。通过对学前儿童生理健康、心理健康以及良好社会适应性的研究，强调了学前儿童健康教育对社会和学前儿童个体的重要意义。

任务二 把握学前儿童健康教育现状及发展趋势

任务分析

本任务旨在深入分析学前儿童健康教育的现状，包括学前儿童生长发育的特性、健康生长的标准，以及面临的健康问题。同时，探讨学前儿童健康教育的发展趋势，包括幼儿园、家庭、社会的多通道实施，以及生理、心理、社会三个维度的结合。通过综合研究理论知识，并结合实际案例，加深学生对学前儿童健康教育现状及发展趋势的理解和认识。

知识准备

一、学前儿童健康教育的现状

（一）学前儿童生长发育的特性

学前儿童的生长发育有着自身的特点和规律，了解和把握这些特点和规律，有助于我们科学地做好学前儿童的健康教育工作。

1. 生长发育的迅速性

学前儿童的生长发育非常迅速。在体格生长方面，学前儿童每年身高增长 5 ～ 7 厘米，体重每年增长 2 ～ 3 千克，身体比例逐渐协调；在神经系统发育方面，5 岁时的大脑重量已达成人的 90% 左右，神经连接和髓鞘化进程加快，各感官能力明显提高；运动能力发展迅速，从基本的走跑跳能力逐步发展为能进行复杂的协调性活动，手眼协调能力显著提升；在认知能力方面，思维从直觉行动思维向具体形象思维过渡，词汇量呈爆发式增长，表达能力大幅提高；在社会情感发展方面，自我意识增强，从平行游戏逐步过渡到合作游戏，情绪表达和控制能力不断完善。这一时期迅速的发展变化为教育工作者提供了关键的教育契机，也强调了为学前儿童提供适宜的环境和支持的重要性。

2. 生长发育的不等速性

人体生长发育的速度并不是均匀的，而是呈波浪式的。身高、体重及内脏器官的发育都呈现出波浪式的状态。它们的发育过程既有时间先后的不同，也有机能方面的不同。其发育速度和方向因年龄、性别、环境等因素的差异而表现出各自不同的特点。这种生长发育的不等速性要求教师和家长根据学前儿童的发育特点提供适宜的教育和养育环境，以促进其全面健康发展。

3. 生长发育的连续性

生长发育是一个连续的过程，在此过程中形成的快慢阶段是相互影响、环环紧扣的，这个过程不是直线变化和不分主次的。虽然在学前儿童的生长发育过程中，我们看不出朝夕的变化，但这一过程却自然地呈现出一定的规律性，如“头尾发展规律”“正侧发展规律”等，任何一个阶段的发育受到阻碍，都会对后一阶段的发育产生不良的影响。

4. 大脑发育的重要性

大脑的发育是学前儿童心理发展的物质基础。学前儿童在 3 岁以前，大脑神经系统的发育非常快，3 岁时大脑神经细胞大体上完成分化，之后大脑仍在不断地发育。7 岁时，儿童大脑两半球皮层已相当成熟，皮层细胞结构的发育也几乎达到了成人的水平，皮层细胞结构分化基本结束。补充适当的营养，使脑细胞发育完善，是保证学前儿童身心健康成长的重要条件。

（二）学前儿童健康生长的标准

按照世界卫生组织的规定，健康的理想标准应当是：使机体的一切功能活动从童年直到成年都处于最满意的状态。具体来说，学前儿童健康生长主要有以下标准。

1. 健康的身体

学前儿童健康的身体是指其生长和发育的各项指标，如体重、身长 / 身高、头围以及体重指数（BMI）均符合《7岁以下儿童生长标准》（WS/T 423-2022）中的规定。将这些指标与同龄儿童的百分位数和标准差数值进行比较，可以评估学前儿童的生长水平和营养状况是否处于适宜范围。该标准提供了百分位数评价方法和标准差评价方法两种评价方式，以及详细的体格测量方法，确保了评价的准确性和科学性。

2. 良好的抗病能力

学前儿童对各种疾病的抵抗能力是衡量其身体素质好坏的重要标准。每两三个月患感冒一次，每年患感冒五六次，这是大多数学前儿童都能达到的体质要求。部分学前儿童免疫功能差，每月患感冒一两次或更多；也有的儿童继发肺炎、腹泻等更为严重的疾病，威胁着他们的身心健康。

3. 健康的五官

学前儿童的视力、听力和口腔健康是其健康成长的关键因素。视力对于学前儿童的学习和日常生活至关重要，影响着他们的学习效率和生活质量。然而，当前我国青少年儿童视力不良问题高发、低龄化现象凸显，不良用眼习惯是导致视力不良的主要原因。听力作为学前儿童语言和社交能力发展的基础条件之一，对学前儿童的学习和心理健康同样至关重要。我国听力障碍儿童几乎60%的听力障碍来自可预防性因素。口腔健康是人体健康的重要组成部分，直接影响到学前儿童的生长发育、营养吸收乃至全身健康。如今，学前儿童龋齿发病率居高不下，严重影响其咀嚼功能、发音及面部发育。我国政府已开始重视儿童口腔健康问题，从顶层设计到下层基础持续发力，逐步制定并形成了我国儿童口腔健康规划和策略，以改善儿童口腔健康状况，提高儿童口腔健康水平。

4. 良好的心理与社会适应能力

每个人都要经历从刚出生时的自然人逐步转化为社会人的发展过程。学前儿童只有具备了健康的心理和较强的社会适应能力，长大后才能够很好地适应飞速发展的社会。而有的学前儿童出现心理障碍、性格偏离，有的学前儿童动手能力和适应环境能力差，有的学前儿童任性、孤僻等，这些无疑都会影响学前儿童的健康成长。

（三）学前儿童健康问题

近年来，“儿童忽视”问题引起了人们的重视。儿童忽视是世界各国普遍存在的现象，它可导致儿童心理及行为异常、生长发育障碍、伤害甚至死亡，对儿童的身心健康具有“毁灭性”的打击。按照学术界的定义，儿童忽视是指儿童照管者因疏于自身对儿童照料的责任和义务，导致儿童身心健康受损的情况。一般儿童忽视可分为身体忽视、情感忽视、教育忽视、安全忽视和医疗忽视五类。

从宏观的角度来看，我国的儿童忽视主要表现在以下两个方面：第一，意外伤害频繁发生。由忽视导致的意外伤害发生率逐年上升，已经占据我国 0 ～ 14 岁儿童意外死亡原因的第一位。有调查指出，全国每年有超过 20 万 0 ～ 14 岁儿童因意外伤害死亡，即每 3 个死亡儿童中就有 1 个是意外伤害所致。还有调查表明，在包括上海在内的 3 个城市中，每 6 个儿童中就有 1 个发生过意外伤害。现实表明，儿童忽视导致的安全隐患已经成为影响儿童健康的第一杀手。第二，情感问题日益增多。作为儿童忽视的核心问题，情感忽视相当普遍，且最容易发生。儿童在成长过程中若长期处于情感忽视状态，其心理健康会产生严重的问题。情感忽视可能会使他们表现出性格孤僻、自卑内向、情绪不稳定、社交能力差等问题，甚至可能引发焦虑症、抑郁症等严重的心理疾病。这不仅会影响儿童当下的生活质量和学习状态，还可能在其成年后持续影响他们的人际关系、职业发展以及家庭生活，进而影响整个社会的和谐与稳定。因此，我们必须高度重视儿童情感忽视问题，积极采取措施加以改善。

从微观的角度来看，儿童忽视往往表现在以下几个方面：将儿童健康教育等同于儿童体育教育抑或儿童常识教育，部分教师和家长认为生活水平提高了就不需要关注健康了，导致儿童心血管病、肥胖症、龋齿等频发；忽视心理氛围的营造，对有特殊需要的儿童关照不够，导致儿童的心理问题增多；过度保护使得儿童适应环境的能力、抗挫折的能力低下；在环境创设中重视贵族化和现代化的标准而忽视自然资源的引入，重视环境的美化而忽视儿童活动性、体验性的感知；在教养机构中，教师本身的问题造成了对儿童身体和心理的伤害；等等。

二、学前儿童健康教育的发展趋势

未来，在实现学前儿童健康教育目标的过程中，我们必须关注学前儿童健康教育自身的特点，也要兼顾它与其他教育在内容和形式上的融合。

（一）幼儿园、家庭、社会的多通道实施

美国心理学家布朗芬布伦纳（Urie Bronfenbrenner）认为，儿童的发展受到与其有直接或间接关系的生态环境的制约，这种生态环境是由若干个相互镶嵌在一起的系统组成的，而其中的每一个因素对儿童的发展都具有重要的意义。由此，我们应将学前

儿童健康教育放在一个大的教育背景下实施，它包括幼儿园健康教育、家庭健康教育和社会健康教育。

1. 幼儿园健康教育

学前儿童健康教育在幼儿园教育中占有至关重要的地位，这一点在《纲要》中得到了明确的强调。《纲要》要求幼儿园将促进幼儿的健康放在首位，并指出教育活动内容的组织应充分考虑幼儿的学习特点和认识规律，各领域的内容要有机联系，相互渗透。这就要求我们在实施健康教育时，将其与其他教育领域紧密融合，如通过语言、社会学习、艺术和科学活动等来发展学前儿童的人际交往能力、促进人格形成、满足好奇心和培养环保意识等。

首先，要实现健康教育与其他教育领域的融合，我们就需要创造一个互动性强、综合性高的教学环境。例如，在语言活动中，可以通过讨论健康饮食的相关话题来提升学前儿童的交往能力和表达技巧；在社会学习活动中，可以通过团队合作的游戏来锻炼学前儿童的合作意识和社交技能；在艺术活动中，可以让学前儿童通过绘画或手工活动来表达对健康生活的理解；在科学活动中，则可以围绕环保主题，培养学前儿童的探究精神和环境意识。

其次，健康教育的目标在动作与技能、情感与态度以及认知方面的具体体现，需要结合学前儿童的年龄特点和发展水平来设计。在动作与技能方面，可以通过日常的体育活动和游戏来提升学前儿童的身体协调性和体能；在情感与态度方面，可以通过集体活动和角色扮演游戏，帮助学前儿童学会表达情感，培养自尊心和自信心；在认知方面，可以通过互动故事和趣味科学实验来丰富学前儿童的健康知识和生活技能。

最后，健康教育与课程形式的贯通，要求教师根据学前儿童的兴趣和需求，灵活调整教学内容和方法。例如，如果发现学前儿童对某个健康主题特别感兴趣，教师就可以将其整合到更广泛的教学活动中，如通过故事讲述、角色扮演或实地考察来深化学前儿童对该主题的理解。同时，教师还需要密切观察学前儿童的反应和学习进展，以确保教育活动既符合学前儿童的发展需要，又能够激发他们的学习兴趣。

2. 家庭健康教育

在家庭生活中培养学前儿童健康的行为习惯，针对学前儿童的情况，结合幼儿园的实际，使家庭健康教育与幼儿园健康教育同步，可以大大地提升健康教育的有效性，将健康教育的目标落到实处。比如，儿童肥胖是个让人担忧的问题，对肥胖儿的干预，家庭中的健康教育是十分重要的。具体可采取以下方法：（1）调整进餐习惯。遵循正确的进餐顺序，即汤—菜—肉—主食；进餐时间多于30分钟/餐；小碗多次盛饭；每口嚼十次以上再吞咽；可安排学前儿童盛饭、拿餐具等。（2）改变不良生活行为。如边吃饭边玩游戏、吃完饭后就静卧静坐、爱吃零食、爱喝饮料、出门以车代步等不良行为，都要加以改变。（3）适量增加运动。在家也要保证学前儿童拥有充足的户外活动时间，家长与儿童、儿童与儿童（邻里）之间的运动游戏，可以使学前儿童体验到不同于幼儿园中的乐趣，是促进学前儿童健康的好方法。

3. 社会健康教育

维护与促进学前儿童健康，是学前儿童素质教育系统工程中的一个有机组成部分。它一方面有赖于健康教育模式的建立与完善，另一方面则需要儿童医疗卫生保健、健康教育工作者及家庭、社会诸方面的共同努力，使幼儿园、家庭、社会形成合力，具体实施与开展健康教育。学前儿童社会健康教育可以从以下几方面着手：第一，加强妇幼保健宣传，强化学前儿童健康观念，科学确定教师及家长的学前儿童健康教育活动内容；第二，加大社会健康教育的投入，建立配套的健康教育场所，缓解学前儿童健康教育设施不足的问题；第三，举办社会健康教育活动节，丰富健康教育的组织形式，大力开展社区健康教育活动，特别是有学前儿童参与的以家庭为单位的健康教育活动；第四，充分利用专业健康教育机构、医疗卫生机构、多种宣传渠道和媒体、各类社会团体、街道和社区等方面的资源，争取各种力量的参与和配合，以发挥各自的优势和特点，使学前儿童健康教育取得良好的效果。

（二）生理、心理、社会三个维度的结合

学前儿童健康首先是指学前儿童身体器官构造正常，各个生理系统的主要功能发挥良好，能够有效抵抗疾病。生理上的缺陷会导致学前儿童某些方面的发育障碍或给学习、生活带来不便，生理组织和构造的完整是学前儿童身心健康发育的物质基础。而学前儿童机体抵抗力的增强有助于其随时应对变化多样的外界致病因子的侵袭。因此，生理健康对于学前儿童来说是至关重要的。学前儿童心理和社会方面的健康发展主要是指情绪反应适度、社会适应良好，在集体环境或是新的情境中保持积极愉快，没有过多的消极情绪体验，情绪的自我调节能力随着年龄的增长不断增强。

幼儿园实施健康教育，首先要提供良好的物质环境，以学前儿童的生活需要为出发点，物尽其用，既非设施不全也非盲目追求物质条件的豪华；其次应加强心理环境的构建，确保学前儿童、教师、园长、职工及家长之间的关系是相互平等和彼此信任的，

教师对学前儿童既非高控制或高约束也非放任而无约束；最后应重视信息环境的创设，满足学前儿童交往、探究之需，为学前儿童提供适宜的信息量，既非缺乏也非过剩。

在实施健康教育的过程中，当学前儿童发展处于一种协调状态时，即达到了健康教育生理、心理、社会三个维度结合的境界，而这种结合能保证学前儿童健康教育的切实有效。

课堂讨论

1. 学前儿童生长发育的迅速性和不等速性对健康教育有什么影响？
2. 如何在幼儿园、家庭和社会三个层面有效实施学前儿童健康教育？

实例分析

某幼儿园针对学前儿童视力下降问题，结合家庭和社区资源，启动了一个全面的视力保护项目。项目的主要内容包括：定期邀请专业眼科医生来园进行视力筛查，及时发现视力问题；教师通过互动游戏和故事讲述的方式，让学前儿童明白保护视力的重要性；开展家长工作坊，向家长提供关于学前儿童用眼卫生和预防近视的知识；社区定期举办主题活动，如“爱眼日”宣传，增强家长对学前儿童视力保护的意识；与当地眼科医院合作，为家长和学前儿童提供专业的咨询和指导。

讨论问题：如何评估这个视力保护项目对于预防和解决学前儿童视力问题的有效性？这个案例是如何体现幼儿园、家庭和社区三者在学前儿童健康教育中的协同作用的？在这个案例中，还可以采取哪些措施来进一步提升学前儿童视力保护的效果？

任务测评

一、单选题

1. 学前儿童健康教育的有效实施路径是（　　）。

A. 仅在幼儿园内部　　B. 仅在家庭内部

C. 幼儿园、家庭和社会多通道实施　　D. 仅依赖社区资源

2. 学前儿童健康教育关注的维度不包括（　　）。

A. 生理健康　　B. 心理健康　　C. 社会适应能力　　D. 财务管理能力

二、实务题

1. 组织一次健康教育家长会，讨论如何在家庭中支持学前儿童的健康发展。请准备会议议程、讨论主题和相关资料。

2. 设计和开展趣味性与教育性兼具的健康知识竞赛，以提升学前儿童对健康知识的认识和兴趣。请做好以下准备工作：(1) 竞赛主题，涵盖基本的个人卫生知识、食物营养、简单的健康习惯等。(2) 活动形式，可以通过问答比赛、图片识别、角色扮演等形式进行。(3) 竞赛规则，确保活动适合学前儿童的年龄和理解能力，鼓励团队合作和积极参与。

• 任务小结 •

本任务的学习重点在于理解学前儿童健康教育的现状与发展趋势。我们先探讨了学前儿童生长发育的特性、学前儿童健康生长的标准，以及学前儿童面临的健康问题。然后我们进一步讨论了未来实施学前儿童健康教育的多维途径，包括幼儿园、家庭和社会的多通道实施，以及在生理、心理和社会三个维度上实现学前儿童健康教育的有效结合。

思政园地

思政元素	具体内容
培养社会责任感和公民意识	强调健康教育不仅关系到个人的发展，也是对社会负责的表现，提升学生对于社会健康问题的认识，培养他们作为未来教育者的社会责任感和公民意识。
强调全面发展理念	强调生理、心理、社会适应的全面发展，反映出教育的全人观念，培养学生多方面的能力，如批判性思维、情感智慧等。
培养终身学习和创新能力	讨论健康教育的发展趋势时，强调学生需要适应社会变迁和技术革新，培养终身学习和创新能力，以应对未来教育领域的挑战和变化。
培养社会适应与合作精神	通过分析当前学前儿童健康教育的实施方式，如家庭、幼儿园和社会的多通道实施，使学生认识到社会合作的重要性，培养他们的团队协作和社会适应能力。
注重道德和价值观教育	在讨论健康教育的重要性时，融入道德教育和正确价值观的培养，如关注学前儿童的全面发展，强调教育的公平和公正。
强调国家发展与个人贡献	将学前儿童健康教育与国家发展的需要联系起来，强调个人在推动社会进步中的作用，培养学生对国家发展的认识和责任感。

项目二

学前儿童健康教育活动设计与实施

学习目标

知识目标：

1. 理解学前儿童健康教育目标的制定依据与层次结构。
2. 了解学前儿童健康教育的内容。
3. 掌握学前儿童健康教育活动的设计思路和实施途径。

能力目标：

1. 能够根据学前儿童的年龄特点，设计具体的健康教育活动方案。
2. 能够运用多种途径有效实施学前儿童健康教育活动。
3. 能够分析和评估学前儿童健康教育活动的有效性和适宜性。

素养目标：

1. 树立并强化学前儿童健康保护和促进中的职业责任感。
2. 关注学前儿童的全面健康发展，弘扬以人为本的教育理念。
3. 树立全人教育观，重视学前儿童身心的全面成长。

案例导入

为了激发学前儿童对健康生活方式的兴趣，并引导他们了解健康生活的重要性，某幼儿园计划开展一次以健康为主题的活动。老师创造了一个虚拟角色——“健康小英雄”，并讲述了一个关于“健康小英雄”的故事。在故事中，“健康小英雄”需要完成一系列任务才能获得“超级能量”，这些任务包括：选择健康的食物、进行户外运动、保持个人卫生等。学前儿童被邀请扮演“健康小英雄”的助手，帮助他完成这些任务。通过这个故事，学前儿童不仅了解到了健康生活的重要性，还通过角色扮演的方式，亲身体验到了实践健康生活方式的乐趣和益处，从而激发了他们在日常生活中培养健康习惯的兴趣。

知识卡片

关键词	笔记栏
● 目标相关 - 三大依据 - 四级层次 - 目标设定 ● 内容要素 - 五大领域 - 内容体系 ● 活动设计 - 五大要素 - 四类途径 - 三项原则	**任务一　理解学前儿童健康教育的目标与内容** 1. 目标制定的依据 - 身心发展特点和规律 - 教育目标要求 - 社会发展需求 2. 目标的层次结构 - 总目标：《纲要》指导 - 分类目标：《指南》细化 - 年龄段目标：3～6岁分段 - 活动目标：认知－情感－技能 3. 健康教育内容 - 身体认知与保护教育 - 饮食营养教育 - 生活能力与卫生习惯教育 - 安全教育 - 体育教育 **任务二　设计并实施学前儿童健康教育活动** 1. 设计五要素 - 名称→目标→准备→过程→延伸 2. 实施四途径 - 集体教学→区域游戏→日常生活→家园共育 3. 注意三原则 - 明确方向性→注重操作性→坚持逻辑性

总结栏

1. 核心要点
- 目标制定：三依据四层次
- 内容规划：五大领域统整
- 活动实施：五要素四途径
2. 实践启示
- 目标：层层递进
- 内容：系统完整
- 实施：多元融合
3. 记忆助手
- 目标制定："身教社，总类年活"
- 内容领域："身食活安体"
- 活动设计："名目准过延"
- 实施路径："集区生家"

任务一　理解学前儿童健康教育的目标与内容

任务分析

本任务的重点是理解学前儿童健康教育的目标与内容。学生要学会如何根据学前儿童的身心发展特点、教育目标要求以及社会发展的需求，制定合适的健康教育活动目标，并了解如何设计与实施相关活动以促进学前儿童的全面健康发展。

知识准备

一、学前儿童健康教育的目标

目标是开展教育活动的起点和归宿，学前儿童健康教育必须明确教育目标，才能有效选择教育内容与组织方法。因此，在实施学前儿童健康教育的过程中，教师要有高度的目标意识，保证教育实施质量，促进学前儿童身心健康发展。

（一）学前儿童健康教育目标的制定依据

学前儿童健康教育目标的制定依据主要包括以下三个方面：学前儿童的身心发展

特点和规律、学前儿童健康教育的目标要求、当今和未来社会的发展需求。

1. 学前儿童的身心发展特点和规律

儿童发展是儿童教育的前提和基础。学前儿童的身心发展特点和规律是制定学前儿童健康教育目标的重要依据。学前儿童的发展是一个持续渐进的过程，同时也表现出一定的个体阶段性。同一年龄阶段的学前儿童，受遗传、性别、环境等因素影响，其身体、心理健康状况会存在个体差异。因此，教师应研究和掌握学前儿童身心发展的普遍规律，并在实践中关注个体差异，制定适合学前儿童个体发展的目标。

2. 学前教育和健康教育的目标要求

学前儿童健康教育的目标首先要遵循学前教育的总体目标要求，促进学前儿童身心和谐发展；同时要遵循健康教育的总体目标要求，普及健康知识，增强个体健康意识和自我保健能力。学前儿童健康教育是学前教育的重要组成部分，也是健康教育的基础组成部分，因此，学前儿童健康教育的目标应是学前教育目标和健康教育目标融合化和具体化的结果。

3. 当今和未来社会的发展需求

教育是社会发展的产物，社会不同发展阶段对人的要求不同，社会环境对个体思想和行为更是具有潜移默化的影响。当今社会不仅要求个体身体健康，也要求个体心理健康；不仅看重社会主体的健康发展，更强调人与自然的和谐共生。因此，教师应结合当今社会现实需要和未来社会发展趋势对个体的要求确立学前儿童健康教育的目标。

（二）学前儿童健康教育目标的层次结构

学前儿童健康教育的目标分为：总目标（领域目标）、分类目标、年龄阶段目标、活动目标。

1. 总目标

《纲要》把幼儿园教育划分为五大领域，即健康、语言、社会、科学、艺术，健康是其中一大领域。《纲要》关于学前儿童健康教育的总目标表述如下：

（1）身体健康，在集体生活中情绪安定、愉快；

（2）生活、卫生习惯良好，有基本的生活自理能力；

（3）知道必要的安全保健常识，学习保护自己；

（4）喜欢参加体育活动，动作协调、灵活。

总目标是学前儿童健康教育的最终目的和宗旨，是制定学前儿童健康教育活动目标的重要依据，具有基本性、导向性和规范性。

2. 分类目标

《指南》按照儿童学习与发展最基本、最重要的内容将每个领域划分为几个子领域。其中，健康领域包含身心状况、动作发展、生活习惯与生活能力三个子领域。各个子领域又分别提出了具体的目标要求。具体如表 2-1 所示。

表 2-1 学前儿童健康教育分类目标

学前儿童健康领域子领域	目标
身心状况	目标 1 具有健康的体态 目标 2 情绪安定愉快 目标 3 具有一定的适应能力
动作发展	目标 1 具有一定的平衡能力，动作协调、灵敏 目标 2 具有一定的力量和耐力 目标 3 手的动作灵活协调
生活习惯与生活能力	目标 1 具有良好的生活与卫生习惯 目标 2 具有基本的生活自理能力 目标 3 具备基本的安全知识和自我保护能力

3. 年龄阶段目标

学前儿童健康教育的年龄阶段目标是对分类目标的进一步细化，是按学前儿童年龄阶段划分的中期发展目标。《指南》中，健康领域的三个子领域均由学习与发展目标和教育建议两个部分组成。其中，学习与发展目标分别对 3～4 岁、4～5 岁、5～6 岁三个年龄段末期儿童应该知道什么、能做什么、大致可以达到什么发展水平提出了合理期望，指明了儿童学习与发展的具体方向；教育建议部分列举了一些能够有效帮助和促进儿童学习与发展的教育途径和方法。

（1）身心状况目标，如表 2-2 至表 2-4 所示。

表 2-2 具有健康的体态

3～4 岁	4～5 岁	5～6 岁
1. 身高和体重适宜。 参考标准： 男孩： 身高：94.9～111.7 厘米 体重：12.7～21.2 千克 女孩： 身高：94.1～111.3 厘米 体重：12.3～21.5 千克 2. 在提醒下能自然坐直、站直。	1. 身高和体重适宜。 参考标准： 男孩： 身高：100.7～119.2 厘米 体重：14.1～24.2 千克 女孩： 身高：99.9～118.9 厘米 体重：13.7～24.9 千克 2. 在提醒下能保持正确的站、坐和行走姿势。	1. 身高和体重适宜。 参考标准： 男孩： 身高：106.1～125.8 厘米 体重：15.9～27.1 千克 女孩： 身高：104.9～125.4 厘米 体重：15.3～27.8 千克 2. 经常保持正确的站、坐和行走姿势。

表 2-3　情绪安定愉快

3～4 岁	4～5 岁	5～6 岁
1. 情绪比较稳定，很少因一点小事哭闹不止。 2. 有比较强烈的情绪反应时，能在成人的安抚下逐渐平静下来。	1. 经常保持愉快的情绪，不高兴时能较快缓解。 2. 有比较强烈的情绪反应时，能在成人提醒下逐渐平静下来。 3. 愿意把自己的情绪告诉亲近的人，一起分享快乐或求得安慰。	1. 经常保持愉快的情绪。知道引起自己某种情绪的原因，并努力缓解。 2. 表达情绪的方式比较适度，不乱发脾气。 3. 能随着活动的需要转换情绪和注意。

表 2-4　具有一定的适应能力

3～4 岁	4～5 岁	5～6 岁
1. 能在较热或较冷的户外环境中活动。 2. 换新环境时情绪能较快稳定，睡眠、饮食基本正常。 3. 在帮助下能较快适应集体生活。	1. 能在较热或较冷的户外环境中连续活动半小时左右。 2. 换新环境时较少出现身体不适。 3. 能较快适应人际环境中发生的变化。如换了新老师能较快适应。	1. 能在较热或较冷的户外环境中连续活动半小时以上。 2. 天气变化时较少感冒，能适应车、船等交通工具造成的轻微颠簸。 3. 能较快融入新的人际关系环境。如换了新的幼儿园或班级能较快适应。

（2）动作发展目标，如表 2-5 至表 2-7 所示。

表 2-5　具有一定的平衡能力，动作协调、灵敏

3～4 岁	4～5 岁	5～6 岁
1. 能沿地面直线或在较窄的低矮物体上走一段距离。 2. 能双脚灵活交替上下楼梯。 3. 能身体平稳地双脚连续向前跳。 4. 分散跑时能躲避他人的碰撞。 5. 能双手向上抛球。	1. 能在较窄的低矮物体上平稳地走一段距离。 2. 能以匍匐、膝盖悬空等多种方式钻爬。 3. 能助跑跨跳过一定距离，或助跑跨跳过一定高度的物体。 4. 能与他人玩追逐、躲闪跑的游戏。 5. 能连续自抛自接球。	1. 能在斜坡、荡桥和有一定间隔的物体上较平稳地行走。 2. 能以手脚并用的方式安全地爬攀登架、网等。 3. 能连续跳绳。 4. 能躲避他人滚过来的球或扔过来的沙包。 5. 能连续拍球。

表 2-6　具有一定的力量和耐力

3～4 岁	4～5 岁	5～6 岁
1. 能双手抓杠悬空吊起 10 秒左右。 2. 能单手将沙包向前投掷 2 米左右。 3. 能单脚连续向前跳 2 米左右。 4. 能快跑 15 米左右。 5. 能行走 1 千米左右（途中可适当停歇）。	1. 能双手抓杠悬空吊起 15 秒左右。 2. 能单手将沙包向前投掷 4 米左右。 3. 能单脚连续向前跳 5 米左右。 4. 能快跑 20 米左右。 5. 能连续行走 1.5 千米左右（途中可适当停歇）。	1. 能双手抓杠悬空吊起 20 秒左右。 2. 能单手将沙包向前投掷 5 米左右。 3. 能单脚连续向前跳 8 米左右。 4. 能快跑 25 米左右。 5. 能连续行走 1.5 千米以上（途中可适当停歇）。

表 2－7 手的动作灵活协调

3～4 岁	4～5 岁	5～6 岁
1. 能用笔涂涂画画。 2. 能熟练地用勺子吃饭。 3. 能用剪刀沿直线剪，边线基本吻合。	1. 能沿边线较直地画出简单图形，或能边线基本对齐地折纸。 2. 会用筷子吃饭。 3. 能沿轮廓线剪出由直线构成的简单图形，边线吻合。	1. 能根据需要画出图形，线条基本平滑。 2. 能熟练使用筷子。 3. 能沿轮廓线剪出由曲线构成的简单图形，边线吻合且平滑。 4. 能使用简单的劳动工具或用具。

（3）生活习惯与生活能力目标，如表 2－8 至表 2－10 所示。

表 2－8 具有良好的生活与卫生习惯

3～4 岁	4～5 岁	5～6 岁
1. 在提醒下，按时睡觉和起床，并能坚持午睡。 2. 喜欢参加体育活动。 3. 在引导下，不偏食、挑食。喜欢吃瓜果、蔬菜等新鲜食品。 4. 愿意饮用白开水，不贪喝饮料。 5. 不用脏手揉眼睛，连续看电视等不超过 15 分钟。 6. 在提醒下，每天早晚刷牙、饭前便后洗手。	1. 每天按时睡觉和起床，并能坚持午睡。 2. 喜欢参加体育活动。 3. 不偏食、挑食，不暴饮暴食。喜欢吃瓜果、蔬菜等新鲜食品。 4. 常喝白开水，不贪喝饮料。 5. 知道保护眼睛，不在光线过强或过暗的地方看书，连续看电视等不超过 20 分钟。 6. 每天早晚刷牙、饭前便后洗手，方法基本正确。	1. 养成每天按时睡觉和起床的习惯。 2. 能主动参加体育活动。 3. 吃东西时细嚼慢咽。 4. 主动饮用白开水，不贪喝饮料。 5. 主动保护眼睛。不在光线过强或过暗的地方看书，连续看电视等不超过 30 分钟。 6. 每天早晚主动刷牙，饭前便后主动洗手，方法正确。

表 2－9 具有基本的生活自理能力

3～4 岁	4～5 岁	5～6 岁
1. 在帮助下能穿脱衣服或鞋袜。 2. 能将玩具和图书放回原处。	1. 能自己穿脱衣服、鞋袜、扣纽扣。 2. 能整理自己的物品。	1. 知道根据冷热增减衣服。 2. 会自己系鞋带。 3. 能按类别整理好自己的物品。

表 2－10 具备基本的安全知识和自我保护能力

3～4 岁	4～5 岁	5～6 岁
1. 不吃陌生人给的东西，不跟陌生人走。 2. 在提醒下能注意安全，不做危险的事。 3. 在公共场所走失时，能向警察或有关人员说出自己和家长的名字、电话号码等简单信息。	1. 知道在公共场合不远离成人的视线单独活动。 2. 认识常见的安全标志，能遵守安全规则。 3. 运动时能主动躲避危险。 4. 知道简单的求助方式。	1. 未经大人允许不给陌生人开门。 2. 能自觉遵守基本的安全规则和交通规则。 3. 运动时能注意安全，不给他人造成危险。 4. 知道一些基本的防灾知识。

应用《指南》指导学前儿童健康教育时应注意：第一，关注学前儿童发展的整体性，学前儿童的发展是一个整体，在具体教育过程中应注重领域与领域之间的相互融合，切忌“分科”式开展教育活动。第二，尊重学前儿童发展的个体差异，学前儿童的发展历程相似，但发展水平不尽相同，在教育实践中应理解和支持学前儿童按照自己的方式和速度发展。

4. 活动目标

活动目标是根据总目标、分类目标和年龄阶段目标细化而来的，指在具体的健康教育活动中，针对学前儿童发展需求设定的具体、可操作的目标。这些目标旨在通过日常的游戏、学习和其他互动活动，帮助学前儿童建立健康的生活方式，培养良好的卫生习惯，提高自我保护能力，促进其身心健康发展。具体来说，活动目标包括认知目标、情感目标和技能目标，具体示例如表 2 – 11 所示。

表 2 – 11　学前儿童健康教育活动目标示例

维度	目标分类	具体目标描述
认知目标	健康知识理解	理解基本的健康概念，如身体各部位的名称和功能、常见疾病的症状和预防措施
	健康习惯认识	认识到良好的饮食、睡眠和个人卫生习惯对健康的重要性
	安全意识培养	培养识别潜在危险和安全风险的能力，如识别交通信号、了解陌生人的潜在危险等
	健康信息获取	从可靠的来源获取健康信息，并能够与成人讨论健康问题
情感目标	自我价值感	建立积极的自我形象和自尊
	情绪管理	能识别和表达自己的情绪，学习基本的情绪调节技巧
	同理心发展	通过故事和角色扮演活动培养同理心
	健康态度形成	对健康生活方式抱有积极的态度，如享受运动等
技能目标	基本生活技能	掌握基本的自我照顾技能，如洗手、刷牙、穿衣、整理床铺等
	健康行为实践	在日常生活中实践健康行为，如均衡饮食、定期运动、保持充足的睡眠
	自我保护能力	掌握遇到危险时的自我保护技能，如火灾逃生、防溺水等
	社交技能提升	通过集体活动和游戏，提高沟通、合作和解决冲突的能力

二、学前儿童健康教育的内容

为了对学前儿童进行细致、全面的健康教育，促进学前儿童的整体性发展，根据学前儿童健康教育总体目标要求，将学前儿童健康教育的内容划分为：身体认知与保护教育、饮食营养教育、生活能力与卫生习惯教育、安全教育、体育教育5个部分。

（一）身体认知与保护教育

认识自己的身体并进行自我身体保护是学前儿童健康教育的基本内容。应通过教育活动引导和帮助学前儿童了解人体的外形结构、主要器官及其基本功能，学会正确用眼和保护眼睛，初步掌握换牙、护牙的相关知识，在认识身体的基础上爱惜和保护自己的身体，并在日常生活中积极配合疾病的预防与治疗。

（二）饮食营养教育

营养均衡的膳食是学前儿童健康成长的根基，良好的饮食营养教育能够帮助学前儿童养成良好的饮食习惯，促进学前儿童的身体健康，使学前儿童保持愉快的情绪。学前儿童的饮食营养教育的内容主要包括：认识常见的食物，初步感受饮食文化，养成良好的饮食习惯，如用餐时情绪愉快、愿意自主进餐、餐前洗手、按时进餐、细嚼慢咽、不挑食、少吃零食、进餐时保持正确的身体姿势、不边吃边说笑等。

（三）生活能力与卫生习惯教育

学前儿童的生活能力与卫生习惯是其健康成长和未来独立生活的基础，主要包括生活常规、自理能力和卫生习惯三个方面。生活常规是指学前儿童在日常生活中遵循的一系列规律性活动，如按时起床、饭前洗手、在游戏中遵守游戏规则等。自理能力是指学前儿童独立完成日常生活中的基本事务的能力，包括穿衣、洗漱、进食、整理玩具和床铺等。卫生习惯包括生活卫生习惯、学习卫生习惯和公共卫生习惯。良好的卫生习惯是预防疾病、维护健康的重要手段，也是学前儿童社会行为规范的一部分。

（四）安全教育

安全教育是学前儿童健康教育的一项重要内容。学前儿童安全教育的内容主要包括：知道日常生活中必要的安全知识，掌握基本的自我保护技能，如防锐利物品划伤、防吞食异物、防火、防电、防溺水、防拐骗走失、防中毒等；认识交通标志、安全标志，遵守交通规则；学习基本的意外求救技能，掌握一些应对自然灾害的方法等。

（五）体育教育

体育教育是培养学前儿童健康体格的主要途径。要通过体育教育让学前儿童知道锻炼身体的重要性，养成锻炼身体的好习惯，从而促进学前儿童身体健康发育和良好个性的形成。学前儿童体育教育的内容主要包括：走、跑、跳、钻、爬、攀登、投掷等基本动作练习；养成正确的走、坐、立等身体姿势。

课堂讨论

1. 学前儿童的身心发展特点和规律是如何影响健康教育目标的制定的？
2. 分析《纲要》关于健康领域的要求，讨论如何在实际教学中落实这些要求。

实例分析

小华是一个5岁的男生，他原本不喜欢户外运动，偏爱吃零食，常常因为不良的生活习惯而感到疲倦和注意力不集中。针对小华的问题，幼儿园组织了一系列以“健康快乐成长”为主题的活动，包括营养食品识别游戏、每日户外运动、定期的健康知识小讲堂等。家长也积极配合，调整家中饮食，减少零食的提供，在每日餐食中增加蔬菜和水果，每天陪伴小华进行家庭户外活动。在幼儿园老师和家长的共同努力下，小华的生活习惯发生了积极的变化。几个月后，小华不仅体重恢复了正常，体质有所增强，而且在情绪和学习上也有了明显的改善。

讨论问题：在对小华的健康教育过程中，哪些健康教育目标得到了实现？幼儿园和家庭在对小华的健康教育过程中扮演了怎样的角色，它们的合作模式对小华有何具体帮助？如果你是小华的老师，你还会设计哪些活动来进一步促进对小华及其同龄伙伴的健康教育，同时如何确保活动既有趣又富有教育意义？

任务测评

一、单选题

1. 学前儿童健康教育的内容不包括以下哪项？（　　）

A. 身体认知与保护教育　　B. 饮食营养教育

C. 数学知识教育　　D. 安全教育

2. 学前儿童健康教育目标由上到下的层次结构为（　　）。

A. 分类目标、总目标、年龄阶段目标、活动目标

B. 总目标、分类目标、年龄阶段目标、活动目标

C. 总目标、年龄阶段目标、分类目标、活动目标

D. 分类目标、总目标、年龄阶段目标、活动目标

二、实务题

1. 设计一次家长工作坊活动，主题为“家庭中的学前儿童健康管理”，内容包括：学前儿童日常饮食、运动、心理健康的指导，以及如何与幼儿园配合进行健康教育。

2. 设计一次健康饮食活动，以帮助学前儿童了解营养均衡的概念，并养成良好的饮食习惯。活动内容包括以下三个方面：（1）介绍各种类型的食物（如蔬菜、水果、鸡蛋等）及其对身体的益处；（2）通过互动游戏让学前儿童理解均衡饮食的重要性；（3）引导学前儿童制作一个简单的健康餐盘，其中要包括不同类型的食物。

任务小结

本任务主要围绕学前儿童健康教育的目标和内容展开，强调制定具体、实际的健康教育目标的重要性，以确保学前儿童的全面健康发展。学前儿童健康教育目标的制定应以学前儿童的身心发展特点和规律、学前教育和健康教育的目标要求以及当今和未来社会的发展需求为依据。学前儿童健康教育的内容包括身体认知与保护教育、饮食营养教育、生活能力与卫生习惯教育、安全教育、体育教育等多个方面，旨在通过多维度的健康教育活动，促进学前儿童的身体健康、心理平衡和社会适应能力的发展。

任务二 设计并实施学前儿童健康教育活动

任务分析

本任务的内容主要是系统了解和掌握学前儿童健康教育活动的设计与实施方法，学习如何在实际教学中应用健康教育的理论知识，设计出切实可行的健康教育活动方案，并有效地实施这些方案。

知识准备

一、学前儿童健康教育活动的设计思路

学前儿童健康教育活动设计是幼儿园教育的一个关键环节。教师需基于学前儿童教育的宏观与中观目标，深入了解学前儿童的年龄特性和发展水平，以此为依据，有目的地规划适宜的健康教育环境并制订切合儿童兴趣的活动计划。在确定了学前儿童健康教育的目标和内容后，教师应结合实际情况，精心设计具体的教育活动方案，包括活动名称、活动目标、活动准备、活动过程及活动延伸。

（一）活动名称的设计

活动名称是指某一次具体的学前儿童健康教育活动的名字。活动名称具有概括性的特点，能较综合地反映出教育活动的内容和主要目的。在设计学前儿童健康教育活动名称时应注意以下几点：

（1）活动名称表述应体现“儿童化”的特点。如“小兔学本领”“胡萝卜宝宝我爱你”“小浣熊历险记”等。

（2）在活动名称之后应写明该活动所属的年龄班。如“小班健康活动‘和蔬菜宝宝做朋友’”“中班健康活动‘甜蜜的午睡’”“大班健康活动‘小口罩大作用’”等。

（二）活动目标的设计

活动目标是指通过某一具体的健康教育活动所要达到的预期结果，也就是健康教育活动的预期目的。学前儿童健康教育活动目标主要依据《指南》中健康领域对3～6岁不同年龄阶段儿童学习与发展的要求并结合本班儿童的实际发展水平、兴趣和需求进行设计。在设计学前儿童健康教育活动目标时应注意以下几点。

1. 活动目标数量应适中

一般来说，活动目标设计为三条最为合适，认知目标、情感目标和技能目标各一条，表述顺序无固定要求。目标设计太少难以挖掘健康教育活动的真实价值，目标设计过多容易出现表述不清、表述混乱和要求过多等问题，而且一次活动也难以达到众多目标。

2. 活动目标表述角度应一致

活动目标要么都从教师的角度进行表述，要么都从学前儿童的角度进行表述。

例如，中班健康活动“我爱喝水”的活动目标如下：

（1）引导儿童了解人每天都需要喝水，多喝水对身体好。

（2）懂得白开水是最好的饮料，会主动喝水。

对上述目标进行分析可知：目标（1）是从教师角度表述的目标，行为主体是教师；目标（2）是从学前儿童角度表述的目标，行为主体是学前儿童。同一活动，前后目标表述角度不一致。因此，可将目标改为：

（1）知道人每天都需要喝水，多喝水对身体好。

（2）懂得白开水是最好的饮料，会主动喝水。

3. 活动目标设计应符合学前儿童年龄特点

活动目标设计应遵从学前儿童发展的普遍性特点并兼顾本班儿童的实际情况，目标设计不宜过难，也不宜过于简单。例如，小班活动目标“能连续跳绳 5 下”，这对小班儿童来说要求过高；大班活动目标“能熟练地用勺子进餐”，这对大班儿童来说又过于简单。

4. 活动目标表述应简单、明了、可操作

活动目标不可表述得过于宽泛、概括。例如，“具有基本的生活自理能力”这一目标表述得就比较笼统，不具有可操作性，没有突出具体哪些生活自理能力，可将目标改为“能自己穿、脱衣服”。又如，“知道遵守基本的交通规则”这一目标也表述得过于笼统，可将目标改为“知道红灯停、绿灯行”。

5. 活动目标可适当体现其他领域发展目标

学前儿童的学习和发展具有整体性，在进行活动目标的设计时，不能将各领域绝对地分隔开来，学前儿童健康教育活动目标也可适当体现语言、科学、社会和艺术领域的目标。

例如，中班健康活动“我不挑食”的活动目标如下：

（1）了解健康小常识，养成不挑食的好习惯。

（2）大胆在小朋友面前说出自己爱吃的蔬菜名称。

（3）在游戏中体验集体活动的乐趣。

（三）活动准备的设计

为保证活动顺利实施，幼儿园教师和学前儿童都需要进行相应的活动准备。

1. 教师的准备

教师的准备主要包括物质材料准备、知识经验准备以及活动环境的创设，例如：幻灯片、图片、教具、提供给学前儿童的材料、座位的安排、环境的布置等。

2. 学前儿童的准备

学前儿童的准备主要包括知识经验准备和部分物质材料的准备，例如：在本次活动开展之前获得一些基本的相关经验，如事先的学习、参观经验；从家中自带一些材料或是自己动手制作一些玩具；等等。

（四）活动过程的设计

活动过程是教育活动的重要组成部分，活动过程的设计要紧扣活动目标，为实现活动目标服务。学前儿童健康教育活动过程主要包括三个环节：活动导入、活动展开、活动结束。

1. 活动导入

活动导入是教育活动的开始部分，学前儿童是否对活动感兴趣、是否愿意积极参与活动都与活动导入紧密相关。一般来说，活动导入有以下方式：谈话导入、谜语导入、故事导入、悬念导入、表演导入、演示导入、实验导入、游戏导入、观察导入、情境导入等。除此之外，还有其他导入方式。值得注意的是，同一领域不同具体教育活动适合的导入方式不同，教师应该根据教育目标、教育内容以及学前儿童的实际情况选择恰当的导入方式；同时根据不同年龄班教育活动的不同时长要求确定导入部分的时长，一般导入时长控制在 5 分钟之内，否则会影响整体活动效果。

2. 活动展开

活动展开部分承载着教育活动最为主要的内容，学前儿童所要掌握的知识、习得的能力和体验的情感都应该在此部分呈现。使学前儿童掌握知识，可以结合教学内容，以谈话、讲授、展示、讨论等方法实现；使学前儿童习得能力，可以运用模仿、练习等让学前儿童亲自操作的方法实现；使学前儿童体验情感，可以运用角色扮演、情境体验等方法实现。

在本环节中，教师要注意，活动方式应由易到难、阶梯式递进，活动内容应在学前儿童的最近发展区之内，以多种方法调动学前儿童多种感官，吸引学前儿童积极参与，尊重学前儿童主体地位，正视学前儿童的想法和个体差异，为学前儿童提供适当引导和帮助。同时，教师的语言要具有简洁性、针对性、开放性、启发性等。

3. 活动结束

活动结束的方式有很多，常见的活动结束方式主要有经验总结、作品展示、任务布置等。

（五）活动延伸的设计

活动延伸是指在本次教育活动结束后，教师设计一些与本次活动相关的辅助性活动，使教育活动对学前儿童的影响具有持久性、深刻性和连续性等，以更好地达成教育目标。活动延伸的形式可以是家园共育、领域渗透、环境创设、区域活动等。

总体来说，在学前儿童健康教育活动方案设计中，以上五大部分内容缺一不可，同时活动方案的撰写应注意基本要求，部分与部分之间应体现内在的逻辑联系，不可太散，活动过程中的各个环节之间应相互关联、层层递进。

二、学前儿童健康教育活动的实施途径

学前儿童健康教育活动的实施途径主要有四种：集体教学活动、区域游戏活动、日常生活活动和家园共育。

（一）集体教学活动

集体教学活动是指教师有目的、有计划地围绕某方面的健康教育内容，采用一定的教育方法对学前儿童进行身心健康教育的活动，即健康领域的教学活动。集体教学活动有明确的教学目标、清晰的设计思路，教师能直接控制活动过程，明确传递教育意图。集体教学活动是帮助学前儿童获得健康知识、形成健康意识、培养健康行为习惯的重要途径。集体教学活动可以围绕健康领域的某一目标展开，也可整合其他领域展开。

（二）区域游戏活动

区域游戏活动是指利用活动室、午睡室、走廊及户外场地来设置各种区角，让学前儿童根据自己的兴趣和意愿选择活动内容和活动方式的小组化、个体化教育活动形式。区域游戏活动可以作为集体教学活动的延伸，以更好地根据学前儿童的个体差异

帮助学前儿童形成健康意识、锻炼健康体魄、养成健康习惯。教师要注意发挥区域游戏活动的健康教育功能，例如：在认识人体器官的集体教学活动之后，在室内区域游戏活动中提供各种材料，让学前儿童动手操作，在操作过程中知道各器官的形状、在人体中的位置等。同时，教师要充分利用户外大型器械区的各种材料，锻炼学前儿童的大小肌肉活动能力，增进学前儿童的身体健康。

（三）日常生活活动

日常生活活动是指学前儿童一日活动中的生活环节和一些每天都要进行的满足学前儿童基本生活需要的活动，主要包括入园、进餐、喝水、盥洗、如厕、睡眠、离园等。幼儿园应当保教结合，寓教育于一日生活。学前儿童良好的卫生与生活习惯需要在日常生活中逐步形成，这是一个循序渐进的过程。因此，要恰当利用日常生活中的每一个环节，对学前儿童进行适时的健康教育，如：餐前介绍食谱；进餐过程中注意培养学前儿童的正确进餐行为习惯；餐后漱口，保护牙齿等。

（四）家园共育

家庭是幼儿园重要的合作伙伴，学前儿童的身体健康、心理健康教育及良好卫生和生活习惯的养成教育需要积极争取家长的理解、支持和主动参与，家园合作有利于教师深入了解每一个学前儿童的基本情况，了解学前儿童的优点与不足，从而有针对性地促进学前儿童健康发展。因此，教师应在尊重家长、要求适度、双向反馈的基础上和家长经常联系、沟通，实现家庭和幼儿园教育的一体化，共同促进学前儿童的身心健康，争取“5+2>7”。家园合作的方式多种多样，主要包括家访、家长开放日、来园或者离园时的沟通、家长园地、家长委员会、幼儿园网站和公众号，以及微信、QQ、电话等。

三、学前儿童健康教育活动的注意事项

（一）明确方向性

所谓方向性，是指在组织学前儿童健康教育活动时应有明确的目标。良好的活动组织是实现活动目标的重要手段，教师在进行活动组织的过程中必须心中有目标，明确所选教育内容与活动目标之间的关系，分析活动内容的教育价值，考虑达成活动目

标所需的关键学习经验，提升教育活动的有效性。

（二）注重操作性

所谓操作性，是指组织学前儿童健康教育活动时应关注活动的可行性和学前儿童的参与性。教师在组织活动之前需要对本班儿童的实际发展状况、对于相关知识的了解程度和接受水平等进行分析，在组织活动的过程中应对活动内容与学前儿童发展水平之间的适切性进行分析，确保活动内容在学前儿童的最近发展区内，同时要注意活动的开展应以学前儿童为主体，让学前儿童参与、思考、操作。

（三）坚持逻辑性

所谓逻辑性，是指组织学前儿童健康教育活动时应考虑活动内容与内容之间、活动内容与学前儿童之间的联系，坚持学科逻辑与学前儿童心理发展逻辑相结合，在活动内容选择与组织过程中注意知识的内在逻辑遵循由易到难的原则，同时兼顾学前儿童的学习兴趣和需求，以达到活动组织的和谐统一。

课堂讨论

1. 如何根据学前儿童的发展特点和兴趣设计健康教育活动？

2. 在实施学前儿童健康教育活动时，应如何确保活动内容的趣味性和教育性相结合？

3. 家园共育在学前儿童健康教育中扮演着怎样的角色？教师应如何促进家园之间的有效沟通？

实例分析

某幼儿园中班教师设计了一次名为“快乐小厨师”的健康教育活动，旨在通过制作简单的水果沙拉，让学前儿童了解各种水果的营养价值，并培养他们的健康饮食习惯。活动前，教师准备了各种水果和沙拉制作工具，并安排了相应的活动场地。活动过程中，学前儿童在教师的指导下选择自己喜欢的水果，学习切割和搅拌等基本技能，并最终制作出自己的水果沙拉。活动后，学前儿童分享了自己的作品，并讨论了各种水果的好处。

讨论问题：这次活动是如何提升学前儿童对健康饮食的认识和兴趣的？教师应如何通过这次活动评估学前儿童对健康知识的理解和应用能力？如果要让家长参与这次活动，教师可以采取哪些措施来加强家园共育？

• 任务测评 •

一、单选题

1. 在实施学前儿童健康教育活动时，教师应重点注意（　　）。

A. 严格控制活动时间，确保按计划进行

B. 忽略学前儿童的反馈，以保证活动的顺利完成

C. 仅在集体教学活动中实施健康教育

D. 尊重学前儿童的个体差异，调整活动内容以适应不同学前儿童的需要

2. 在学前儿童健康教育活动设计中，活动名称应具备哪些特点？（　　）

A. 复杂且学术性强　　B. 简单、有趣且富有儿童特色

C. 直接引用专业术语　　D. 长而详细以确保理解

二、实务题

1. 请你为 4 ～ 5 岁儿童设计一次户外安全教育活动，旨在增强儿童的交通安全意识和应急自救能力。请详细说明活动的设计思路、实施途径和注意事项。

2. 请你为 3 ～ 4 岁儿童设计一次生活活动，帮助他们了解洗手的重要性，并学习正确的洗手方法。请详细说明活动的设计思路、实施途径和注意事项。

• 任务小结 •

本任务深入探讨了学前儿童健康教育活动的设计思路、实施途径以及注意事项。通过精心设计的教育活动，教师可以有效地促进学前儿童身心全面健康发展。学前儿童健康教育活动需基于学前儿童的年龄特性、个体差异，以及社会和家庭的需求进行设计，同时注意活动的方向性、操作性和逻辑性，确保活动既有趣又有教育意义。活动实施途径包括集体教学活动、区域游戏活动、日常生活活动和家园共育，这些途径相互补充，共同构成了一个立体的健康教育实施框架。

思政园地

思政元素	具体内容
培养社会责任感和集体主义精神	通过健康教育活动中的团队协作，增强学生对集体的责任感，如组织小组合作完成健康项目，使学生在相互帮助中培养合作精神。
强化爱国主义教育	结合国家的健康政策和规划，如《“健康中国 2030”规划纲要》等，让学生了解国家对公民健康的重视，培养学生的国家意识和爱国情感。通过学习中国传统的健康理念和习俗，增强学生对中华文化的自豪感和认同感。
培养良好的道德品质	在健康教育活动中融入诚信、尊重、关爱等道德教育，如诚实记录个人卫生习惯，尊重和关爱同伴的健康需求。强调教师在健康教育中的表率作用，通过自己的言行传递正确的价值观和道德观念。
提升法治意识和法律素养	教育学生了解和遵守与健康相关的法律法规，如食品安全法、未成年人保护法等，提升学生的法治意识。通过具体案例分析法律在维护公共健康中的作用，培养学生的法律素养和遵法守法的意识。
培养环保意识和可持续发展观念	结合健康教育活动，如户外活动、健康饮食活动等，讨论环境保护与个人健康之间的关系，培养学生的环保意识。强调健康生活方式与可持续发展的关系，如倡导低碳生活、减少塑料使用，使学生形成可持续发展的观念。
增强自我管理和终身学习能力	强调健康教育是一生的学习过程，鼓励学生主动获取健康信息，增强自我管理和终身学习能力。教导学生如何评估健康信息的可靠性，提高批判性思维能力，培养学生的自主学习和判断能力。

项目三

学前儿童身体认知与保护教育

学习目标

知识目标：

1. 理解学前儿童身体认知与保护教育的意义。
2. 掌握学前儿童身体认知与保护教育的目标和内容。
3. 理解学前儿童身体认知与保护教育的原则。
4. 掌握学前儿童身体认知与保护教育活动的设计思路与实施方法。

能力目标：

1. 具备设计适合学前儿童年龄特点的身体认知与保护教育活动的能力。
2. 能够在实际教学中有效引导学前儿童参与身体认知与保护教育活动。
3. 具备评估学前儿童在身体认知与保护教育活动中的学习效果的能力。

素养目标：

1. 培养尊重学前儿童身体自主权的意识。
2. 增强社会责任感，明白学前儿童身体认知与保护教育的社会意义。
3. 树立并传播正确的道德观和安全价值观。

案例导入

6岁的小宇是一个活泼好动的男孩，他喜欢在公园里尽情奔跑和玩耍。一天，小宇在公园里玩滑梯时不小心摔倒，擦伤了膝盖。妈妈赶紧带他去医院，医生给他处理了伤口并提醒他要注意安全。回到家后，小宇的妈妈意识到，小宇对自己身体的各个部分和如何保护自己并没有足够的了解，于是决定教他一些基本的身体认知与保护知识。首先，妈妈拿出一本图画书，书里详细介绍了身体的各个部分及其功能。通过这些有趣的图片和简明的文字，小宇学会了辨认头部、手臂、腿、脚等主要部位，并了解了它们的基本功能。接着，妈妈又教他一些基本的自我保护技巧。她告诉小宇，玩滑梯和秋千时要注意不要推挤其他小朋友，跑步时要看清前方的路况，避免摔倒。同时，她还向小宇示范了正确的洗手方法，强调保持个人卫生的重要性。这次教育也让小宇的妈妈意识到，身体认知与保护教育对学前儿童的健康成长至关重要，需要在日常生活中不断加强。

知识卡片

关键词

- 教育意义
- 目标内容
- 教育原则
- 活动设计
- 实施方法

笔记栏

任务一　了解学前儿童身体认知与保护教育的意义

1. 增强自我保护意识和能力
2. 预防意外伤害和保护身心健康
3. 促进健康习惯的养成

任务二　掌握学前儿童身体认知与保护教育的目标和内容

1. 目标
   - 总目标：认识身体并具备自我保护能力
   - 年龄阶段目标：3～4岁基础认知、4～5岁初步保护、5～6岁自主保护
2. 内容
   - 身体器官和心理的认识与保护
   - 生长发育常识
   - 疾病防治

任务三　理解学前儿童身体认知与保护教育的原则

1. 发展性：促进学前儿童身心全面发展，而非单纯传授知识
2. 基础性：教授简单实用的基础知识，符合学前儿童认知水平
3. 科学性：确保教育内容准确规范，采用科学合理的方法
4. 主体性：激发学前儿童参与兴趣，保证每个学前儿童的学习机会

任务四　设计学前儿童身体认知与保护教育活动

名称→目标→准备→方法→过程→延伸

任务五　实施学前儿童身体认知与保护教育活动

1. 方法
   - 讲解、观察、讨论评议、实验操作、感知体验
2. 策略
   - 注重情感体验、利用生活现象、绘本教学

总结栏

1. 核心要点
- 三大意义：强调自我保护和健康成长
- 两层目标：总目标→年龄阶段目标
- 四大原则：指导性原则贯穿始终
- 两大实施：方法与策略相辅相成

2. 实践启示
- 遵循“发基科主”原则，依托“五法三策”，循序渐进培养学前儿童身体认知与自我保护能力

3. 记忆助手
- 三大意义：“保预习”
- 三大内容：“身生病”
- 四大原则：“发基科主”
- 五种方法：“讲观论验感”
- 三大策略：“情生本”

任务一　了解学前儿童身体认知与保护教育的意义

任务分析

本任务的内容是了解学前儿童身体认知与保护教育的意义。学前儿童身体认知与保护教育旨在帮助学前儿童了解自身身体结构和功能，增强自我保护意识和能力，并掌握基本的安全技能。通过课堂教学、互动游戏、角色扮演等多种形式，学前儿童可以在具体的情境中学习如何保护自己，避免潜在的伤害。

知识准备

一、增强自我保护意识和能力

学前儿童正处于自我保护意识和能力发展最为关键的时期，他们由于生活经验和知识储备不足，往往对周围环境中的潜在危险缺乏足够的判断能力。例如，尖锐物品可能造成的伤害、攀爬不牢固物体的高风险等都超出了他们的认知范围。通过身体认

知与保护教育，教师能够帮助学前儿童清楚地认识身体的组成以及各部位的功能，使学前儿童意识到身体的重要性，并学会保护身体免受伤害。此外，通过实践性较强的情景模拟活动，比如火灾逃生演练（教学前儿童用湿毛巾捂住口鼻匍匐前行）或地震避难游戏（引导学前儿童靠墙抱头蹲伏保护自己），可以帮助学前儿童掌握面对突发事件的基本应对能力。这种有针对性的教育，不仅能增强学前儿童的自我保护意识，还能让他们在遇到危险时冷静应对，提高风险防范能力。

二、预防意外伤害和保护身心健康

学前儿童由于缺乏对社会情境的充分辨别能力，因此容易遭受意外伤害或不当接触造成的不良影响。通过身体认知与保护教育，可以有效帮助他们规避生活中常见的危险，保护他们的身心健康。例如，通过图示、案例讲解和动画，让学前儿童学会远离危险场所（如窗边、路口或建筑工程处），遵守“不攀爬、不追逐、不离开大人的视线”等安全规则。另外，身体认知与保护教育还包含心理层面的认知与保护，通过引导学前儿童建立身体边界意识，清晰地分辨“安全的触碰”和“不当的触碰”，并鼓励他们在遇到令人不适或危险的情景时及时告诉家长或教师，可以有效减少可能的身体伤害或心理创伤的发生。通过这些教育，学前儿童不仅能增强对外界环境风险的抵御能力，还能学会保护自己身体和心理健康的策略，更自信地面对成长中的各种挑战。

三、促进健康习惯的养成

健康的生活习惯是学前儿童未来健康成长的重要基础，而身体认知与保护教育正是帮助他们从小培养正确行为的重要途径。通过日常生活中的细致引导，学前儿童可以逐步形成对健康行为的理解和实践能力。例如，教师通过演示“七步洗手法”让学前儿童掌握标准的洗手方法，预防病菌传播；通过引导学前儿童形成正确的坐姿，减轻脊椎受到压力带来的伤害。与此同时，身体认知与保护教育也强调利用充满趣味性和互动性的活动激发学前儿童的参与动力。比如，设计健康主题的闯关游戏，设立“健康小达人”的称号奖励，引导学前儿童在实践中体验并理解健康行为的重要性。在这些丰富多彩的活动中，学前儿童不仅能够充分学习健康知识，还能够在反复的练习中逐渐养成良好的生活习惯，为他们的终身健康奠定坚实的基础。

课堂讨论

如何教育学前儿童在日常生活中增强自我保护意识和能力？

实例分析

5岁的天天喜欢放学后在小区的公园里玩耍。一天，天天像往常一样在公园里玩耍，突然，一名陌生的中年男子走了过来。他微笑着对天天说：“你妈妈让我来接你回家，她今天有事不方便过来。”天天心里觉得有些奇怪，因为妈妈平时都会亲自来接他。但这个男人的态度很友好，并且准确地说出了天天妈妈的名字和一些家庭信息。就在天天犹豫不决的时候，公园的一位保安走了过来，问那个男人：“你好，请问你是儿童的家长吗？”男人显得有些紧张，随便编了一个理由便离开了。保安察觉到情况异常，便立刻通知了天天的父母。天天的父母很快赶到现场，并证实了这个男人并不是他们叫来的。事后，警方进行了调查，发现该男子有诈骗犯罪的前科。

讨论问题：作为学前儿童教育工作者，如何辨别和应对可能的学前儿童拐骗风险？如何设计和实施防拐骗教育课程，以增强学前儿童的自我保护意识和能力？

任务测评

一、单选题

学前儿童身体认知与保护教育的主要意义是（　　）。

A. 增加学前儿童的游戏时间

B. 增强自我保护意识和能力、预防意外伤害和保护身心健康、促进健康习惯的养成

C. 提高学前儿童的学习成绩

D. 让学前儿童学会照顾他人

二、判断题

1. 学前儿童的自我保护意识无须从小培养，因为他们会随着年龄增长自然形成这种意识。（　　）

2. 学前儿童在游乐场玩耍时，认识到设施可能存在的危险并避免使用损坏的设施，

是自我保护意识的表现。 ( )

任务小结

在本任务中，我们深入探讨了学前儿童身体认知与保护教育的意义。通过具体的教育实践和案例分析，认识到身体认知与保护教育不仅能增强学前儿童的自我保护意识和能力，还能预防意外伤害和保护学前儿童的身心健康，同时促进其健康习惯的养成。教师需要通过多种互动和实践活动，引导学前儿童认识身体各部位的功能和重要性，培养他们对潜在危险的敏感性，并教会他们危险情况下的应对策略。这对于学前儿童的身心健康成长至关重要。

任务二 掌握学前儿童身体认知与保护教育的目标和内容

任务分析

本任务将深入探讨学前儿童身体认知与保护教育的目标和内容。首先，通过分析不同年龄阶段学前儿童的身体认知与保护教育目标，了解如何在实际教育中贯彻这些目标。接着，探讨身体器官和心理的认识与保护、生长发育常识以及疾病防治等教育内容的具体实施方法。本任务旨在帮助学生学会如何制订和实施学前儿童身体认知与保护教育计划。

知识准备

一、学前儿童身体认知与保护教育的目标

（一）总目标

根据《纲要》和《指南》的要求，学前儿童身体认知与保护教育的总目标是：学前儿童身体发育健全，能够掌握必要的保健知识，提高保护自身的能力。具体要求为：

正确认识自己的身体；了解身体各部分的基本功能；认识周围环境中潜藏的危害身体的因素。在这些目标中，学前儿童能够正确认识自己的身体是基本前提，在此基础上让学前儿童了解身体各部分的基本功能，并了解身体保健知识，从而认识到周围环境中潜藏的危害身体的因素，增强自我保护的意识。

（二）年龄阶段目标

在总目标的要求下，不同年龄阶段学前儿童身体认知与保护教育的目标也各有不同。

1. 3～4岁

（1）了解身体的外形结构，认识并学习保护器官；

（2）知道身体不舒服时要告诉成人，能积极配合疾病预防与治疗；

（3）知道自己的性别；

（4）简单了解生殖系统和隐私部位。

2. 4～5岁

（1）进一步认识身体的主要器官，逐步形成接受疾病预防与治疗的积极态度和行为；

（2）在成人帮助下学习处理常见外伤的简单方法，知道快乐有益于健康；

（3）愿意与父母分床而眠；

（4）知道保护隐私部位。

3. 5～6岁

（1）进一步认识身体的主要器官及自身生长的需要，并懂得简单的自我保护方法；

（2）了解有关预防龋齿及换牙的知识，注意用眼卫生；

（3）知道分辨男女厕所，初步理解性别角色期待；

（4）自觉保护自己的隐私部位，并不窥探他人的隐私部位。

对一线教育工作者来说，各年龄阶段目标与实际工作的联系更紧密，更有指导性和参考价值。

二、学前儿童身体认知与保护教育的内容

（一）身体器官和心理的认识与保护

学前儿童身体器官的认识与保护教育应从多个方面入手。首先，引导学前儿童探

索生命现象，认识身体的外形及主要器官的形态与功能。例如，了解五官的数量和形状、身体的高矮，以及内部器官如心脏和肺的基本形态与功能。同时，帮助学前儿童学会保护五官，注意个人卫生，养成爱牙护牙的习惯，保持良好的用眼卫生，并避免将异物塞入耳鼻内。此外，养成良好的姿势习惯也是关键，包括在阅读、绘画、写字和唱歌时保持正确的坐姿和握笔姿势，以及注意坐、站、行、睡等姿势的正确性。

另外，学前儿童还应了解心理活动对身体健康的影响。要教育他们认识和表达不同的情绪，如喜悦、愤怒、哀伤，并理解这些情绪是如何影响身体的。例如，生气时可能心跳加速，悲伤时可能感到疲惫。通过讲解情绪管理技巧，如深呼吸和放松练习，帮助学前儿童学习有效的情绪调节方法，从而促进身心健康。

（二）生长发育常识

生长发育是一个自然且持续的过程，对于学前儿童来说，了解这一过程不仅有助于认识自己，也有助于培养健康的自我意识和性别观念。通过具体的教育活动，可以让学前儿童更直观地感受到自身的成长。例如，可以让学前儿童观察自己过去穿的鞋子与现在穿的鞋子，进行对比，了解鞋子大小的变化反映了身体的生长。此外，家长和教师可以定期组织身高和体重测量活动，让学前儿童看到自己身体的变化趋势。通过这些活动，学前儿童能够更直观地理解身体是如何随着时间的推移逐渐长大的，这有助于他们建立对身体变化的积极认识。

此外，早期性启蒙教育对学前儿童的身心发展同样至关重要。这包括生殖器官的认识教育、性别认同和性别角色的教育，以及简单的性知识教育。可以通过简洁、科学的方式，让学前儿童了解生殖器官的基本名称和功能；同时通过游戏和故事，培养他们的性别认同感和尊重异性的态度。此外，教育学前儿童理解男女身体的生理差异，以及在面对不适当的接触时如何进行自我保护，是性启蒙教育中不可或缺的一部分。可以通过角色扮演和情景模拟等活动增强学前儿童的自我保护意识，确保他们在成长过程中能够健康、安全地探索自我和世界。

（三）疾病防治

疾病防治是保障学前儿童健康的重要措施。首先，培养学前儿童良好的卫生习惯是基础，包括勤洗手、正确使用纸巾和手帕、保持个人卫生等。要让学前儿童学会用肥皂和流动水清洗手部，并避免用手触摸口、鼻、眼等部位，以减少细菌和病毒的传播。合理饮食和充足的睡眠也很关键，要确保学前儿童摄入丰富的营养素和获得足够的休息，以增强免疫系统功能。此外，要按照国家卫生部门的建议及时为学前儿童接种必要的疫苗，如麻疹、风疹和流感疫苗，以预防传染病的发生。

其次，保持良好的环境卫生也很重要。确保家庭和学校环境清洁、通风良好，并定期对玩具和家具进行消毒，以减少病菌滋生。家庭和学校的合作在学前儿童疾病防治中发挥着重要作用，要定期进行健康教育，增强家长和教师的健康意识，并关注学前儿童健康问题的早期识别与处理。通过这些措施，可以有效减少疾病的发生，促进学前儿童的全面健康发展。

课堂讨论

1. 如何在学前儿童不同年龄阶段有效实施身体认知与保护教育？

2. 在实施早期性启蒙教育时，如何平衡科学性和学前儿童的接受能力？

实例分析

某幼儿园小班的教师发现学前儿童在流感高发季节频繁出现感冒和发热的情况。为了有效预防疾病的传播，教师决定实施一个全面的疾病预防计划。首先，教师组织了一次关于手部卫生的教育活动。她通过生动的故事和互动游戏，向学前儿童讲解如何正确洗手。在活动中，教师给每个学前儿童发放了带有图案的洗手步骤卡片，并通过模拟实验展示了洗手的重要性。学前儿童用含有“假菌”的洗手液模拟了细菌的传播过程，然后用肥皂和水进行彻底清洗，观察“假菌”的去除效果。这种直观的方式帮助学前儿童理解了细菌传播的机制和洗手的重要性。接着，教师制订了一项“健康小卫士”计划，鼓励学前儿童在每天入园时用手部消毒液给双手消毒，并在餐前和如厕后使用肥皂洗手。此外，教师还对教室内的玩具和桌面定期进行消毒，并确保教室内通风良好，以减少病菌滋生。为了加强家园合作，教师还给家长发放了关于流感预防的宣传单，建议家长在学前儿童发病时及时就医，并避免让生病的学前儿童继续来园，以防止疾病继续传播。

讨论问题：手部卫生教育活动是如何帮助学前儿童增强疾病预防意识的？教师应如何监测学前儿童的卫生习惯变化，评估计划的有效性？教师还可以如何改进措施以达到更好的疾病预防效果？

任务测评

一、单选题

1. 下面哪一项是学前儿童身体认知与保护教育的主要目标？（　　）

A. 培养学前儿童的艺术兴趣　　B. 了解身体各部分的基本功能

C. 提升语言表达能力　　D. 增强记忆力

2. 对于小班儿童的身体认知与保护教育目标，以下哪项描述是正确的？（　　）

A. 了解身体的外形结构，认识并学习保护器官

B. 进一步认识身体的主要器官，逐步形成接受疾病预防与治疗的积极态度和行为

C. 了解有关预防龋齿及换牙的知识，注意用眼卫生

D. 知道男女厕所，初步理解性别角色期待

二、实务题

请设计一个活动来帮助学前儿童了解如何正确洗手以预防疾病。描述活动的步骤和所需材料，并解释为什么该活动有效。

任务小结

本任务设定了具体的学前儿童身体认知与保护教育的目标，并明确了学前儿童身体认知与保护教育的内容。总目标包括学前儿童身体发育健全，能够掌握必要的保健知识，提高保护自身的能力。各年龄阶段的目标则从基本的身体结构认识到复杂的自我保护能力逐步递进，涵盖了身体发育、性启蒙教育、心理健康等方面。通过具体的教育内容和方法，如身体认知、卫生习惯培养、生长发育知识的普及，以及疾病防治策略的实施，可以帮助学前儿童增强自我保护意识，提高应对生活中的各种挑战的能力。

任务三　理解学前儿童身体认知与保护教育的原则

任务分析

本任务的内容是理解学前儿童身体认知与保护教育的原则。教师应根据发展性、

基础性、科学性和主体性四大原则，设计适合学前儿童的健康教育活动。本任务将通过具体的活动案例，让教师了解如何在实际教学中应用这些原则，从而有效地促进学前儿童的身体认知与保护教育。

知识准备

一、发展性原则

英国哲学家约翰·洛克强调，“健全的心智寓于健全的身体”。这句话揭示了身体健康对全面发展的重要性。在学前儿童身体认知与保护教育中，发展性原则要求我们以促进学前儿童身心全面发展为出发点和目标。学前儿童的身体健康状态直接影响着其智力、心理等方面的发展。因此，健康教育活动应注重学前儿童的实际发展需要，帮助他们在健康的身体的基础上更好地发展各项能力。例如，在进行大班健康活动“我的身体是怎样工作的?”时，教师可以设计一系列活动，如“认识身体的各个部分”和“探索身体的感官功能”。通过玩具模型和互动游戏，学前儿童能够直观地了解身体的主要器官及其功能。这种活动不仅加深了学前儿童对自己身体的认识，还促进了他们认知能力和动手能力的发展，体现了发展性的原则。

二、基础性原则

学前儿童身体认知与保护教育应注重基础性原则，重点关注学前儿童对身体的基本认知和保护知识，而非深入的学术知识。教育内容应简明易懂，符合学前儿童的认知水平。简单而实用的知识有助于学前儿童在日常生活中形成良好的健康习惯。比如，在进行小班健康活动“认识我的身体”时，教师可以使用简单的图画书和模型，向学前儿童介绍人体的主要部分，如头部、手臂、腿部等。通过讲故事和角色扮演，学前儿童能够理解这些身体部位的基本功能和重要性。又如，大班健康活动“我们身体的骨骼”知识经验维度的目标是“引导学前儿童认识我们身体的骨骼，并了解各种骨骼对身体的支撑和保护作用”，而非强调系统严密的医学知识体系。这种简单直观的教学方式使学前儿童能够轻松掌握基本的健康知识，符合基础性原则的要求。

三、科学性原则

科学性原则要求教师在设计和实施健康教育活动时，必须以科学为基础，确保活动内容的准确性和有效性。特别是在进行性教育时，应使用准确的科学术语，避免模糊或错误的信息。科学的教育方式能够帮助学前儿童正确认识和理解自己的身体，提高自我保护能力。比如，在进行性教育活动“认识自己的身体”时，教师采用了适合学前儿童年龄的科学教材，并使用了规范的术语介绍身体的重要部位。活动中，教师通过讲解和讨论的方式，让学前儿童了解身体的生理特征和自我保护的方法，而不是使用俗语或不准确的表达。通过这种科学的教育方式，学前儿童正确地认识了自己的身体，获得了初步的性知识。

四、主体性原则

学前儿童身体认知与保护教育活动是教师的教和学前儿童的学相结合的双边互动活动，它一方面要求教师在活动中起主导作用，精心设计、充分准备；另一方面要求所有的学前儿童都充分参与，充分发挥学前儿童的主体性。教师要为每一个学前儿童创造机会，启发、调动他们的主动性、积极性和创造性，激发他们的活动兴趣，使他们主动地参与到活动中。特别是那些平时容易被忽视的学前儿童，教师要把他们作为重点关注的对象，给予他们活动和表现的机会，保证他们的参与。比如，在大班健康活动“小小医生”中，教师设计了一系列角色扮演游戏，让学前儿童扮演医生和病人。学前儿童在游戏中轮流讲述自己身体的感觉，并进行简单的自我检查和保护。这种活动不仅使学前儿童在互动中学到了身体保护的相关知识，还激发了他们的参与兴趣和创造力。同时，教师密切关注每个学前儿童的参与情况，确保所有学前儿童都能积极参与和表现，体现了主体性原则。

课堂讨论

1. 在应用发展性原则时，如何确保健康教育活动能够有效促进学前儿童的全面发展？请结合实际案例讨论如何通过具体的活动设计满足学前儿童身心发展的需求。

2. 在应用主体性原则时，教师如何有效地调动每个学前儿童的主动性和参与感？如何关注和激发那些平时不太主动的学前儿童的参与？请提出一些策略和方法。

实例分析

幼儿园小班张老师计划开展一节关于“人体内部器官”的健康教育活动，旨在让小班儿童了解人体内部器官的基本功能。首先，张老师准备了一份详细的医学教材，内容涉及心脏、肝脏、肾脏等内部器官，包括各器官的详细解剖结构和生理功能。张老师使用了专业的医学术语，并在课堂上展示了高度详细的解剖图和模型，她试图通过这些专业材料让学前儿童理解每个器官的作用。然而，学前儿童却感到困惑和无聊，有的甚至对活动产生了厌倦情绪，无法有效参与。

讨论问题：案例中的张老师在设计和实施学前儿童健康教育活动时违背了什么原则？如果你是幼儿园老师，你会如何调整这个活动以适应小班儿童的发展需求？

• 任务测评 •

一、单选题

发展性原则的核心是什么？（　　）

A. 强调教学内容的学术性　　B. 促进学前儿童身心全面发展

C. 使用复杂的医学术语　　D. 关注单一的学科知识

二、判断题

1. 基础性原则要求在教育活动中使用复杂的专业术语，以确保教育内容的严谨性。（　　）

2. 主体性原则意味着教师应主导教学过程全程，而不需要考虑学前儿童的参与感。（　　）

• 任务小结 •

在本任务中，学生学习了学前儿童身体认知与保护教育的四项原则——发展性原则、基础性原则、科学性原则和主体性原则，并探讨了在实际教学中如何应用这些原则来设计有效的教育活动。通过课堂讨论和实例分析，学生深入理解了每项原则的核心要点及实际应用。特别是通过分析张老师在教学中违反基础性原则的案例，认识到教师在设计活动时必须根据学前儿童的认知水平简化内容，确保教育活动的基础性和实用性。本任务帮助学生理解了如何在教学中平衡理论与实践，确保教育活动有效促进学前儿童的身心发展。

任务四　设计学前儿童身体认知与保护教育活动

任务分析

本任务的内容是设计学前儿童身体认知与保护教育活动。学前儿童身体认知与保护教育活动的设计，核心在于确保活动内容和目标符合学前儿童的身心发展特点。活动设计的内容包括：活动名称、活动目标、活动准备、教学方法、活动过程以及活动延伸。每个部分都需细致规划，以确保活动能够有效地增强学前儿童的身体认知和保护能力。

知识准备

一、活动名称

首先，活动名称的描述要规范，包括年龄班、活动领域、活动标题，如“中班健康活动‘认识我的身体’”。其次，在设计活动名称时，一般要求为人们一看到名称就可以大概了解此次教育活动的内容和目标，如“中班健康活动‘认识我的身体’”，通过这个标题，我们大概就可以看出本次活动的目标和内容，知道本次活动是让中班儿童了解身体的某些器官和部位。此外，活动名称还应该能引起学前儿童的兴趣和好奇心，使学前儿童愿意探究，如“大班健康活动‘身体的小秘密’”，这个活动名称就很容易吸引学前儿童，使学前儿童想要知道“身体里面到底有什么小秘密”。

二、活动目标

活动设计中的目标指的是具体活动目标，要在总目标的理念下，结合分类目标的具体要求和特点，充分考虑各年龄阶段儿童的身心发展特点与规律和本班儿童的实际发展状况，根据学期目标、月或周目标进行具体设计。一般根据学前儿童年龄特点、原有水平和能力、活动的内容和性质，从学前儿童的知识经验、动作技能、情感态度三个维度来设计。以“大班健康活动‘身体的小秘密’”为例，知识经验目标是“知道自己的私密部位并懂得保护”；动作技能目标是“能正确地识别男女的不同私密部位”；情感态度目标是“能积极地参与到活动中，增强自我保护意识”。

三、活动准备

活动准备是指教师对开展具体教学活动所需前提条件的筹备和规划。它具体包括以下三个方面：首先，物质材料准备。如与教学主题相关的实物模型、挂图、照片、录像等，教师须设计好应准备的活动材料及其数量和使用方法等。其次，知识经验准备。一方面指教师自己的知识经验准备，教师要充分考虑到教学过程中学前儿童可能遇到并提出的一些问题，广泛地了解相关知识。另一方面指学前儿童的知识经验准备，教师要根据本班学前儿童的学习特点、发展水平，考虑事先需要为学前儿童提供哪些经验或知识。最后，活动环境创设。学前儿童的学习兴趣和学习愿望总是在一定的情境中产生的，适宜的情境能够激发学前儿童参与活动的兴趣。在准备健康教育活动时，教师可以根据教学内容、学前儿童年龄特点和生活经验来考虑如何为教学活动的开展创设一个丰富、生动的教育环境，从而保证教学活动的顺利实施。比如安排适宜的场地、座位，当学前儿童需要集体尝试和展示时，可以将座位布置成马蹄形或半圆形。以大班健康活动“身体的小秘密”为例，其活动准备如表 3－1 所示。

表 3－1 大班健康活动“身体的小秘密”活动准备

物质材料准备	● 准备与活动主题相关的实物和教具，如人体器官模型（心脏、肺、胃等）、身体结构挂图、相关的卡片和图片等 ● 制作简单的 PPT 或短视频，展示人体主要器官的功能和位置 ● 提供纸张、彩笔等工具，供学前儿童在活动中绘制“身体秘密图”
知识经验准备	● 教师的知识经验准备：教师需要熟悉人体基本结构及主要器官的功能，了解学前儿童可能会提出的相关问题（如“心脏为什么会跳动？”“食物是怎么被消化的？”），并提前查阅相关资料，做好解答准备 ● 学前儿童的知识经验准备：通过日常谈话或前期活动，了解学前儿童对人体知识的已有了解，例如身体的哪些部位是他们熟悉的、哪些是陌生的，帮助他们初步建立起对身体器官的兴趣和认知
活动环境创设	● 在活动场地布置与主题相关的情景，如张贴人体器官挂图，设置“身体探秘角”，摆放人体模型供学前儿童观察和操作 ● 将座位布置成马蹄形或半圆形，便于集体讨论和展示 ● 创设轻松有趣的氛围，播放与身体健康相关的儿歌或背景音乐，激发学前儿童的兴趣和参与热情

四、教学方法

教学方法是教师在学前儿童教育教学活动中为了实现教学目标、完成教学任务而采取的一系列方式、手段和途径的总和。它不仅仅是教师传授知识的技巧，更强调教师引导学前儿童积极主动参与学习过程，促进学前儿童在认知、情感、技能等多方面发展的策略。在学前儿童身体认知与保护教育中，教学方法的运用需要充分考虑学前儿童的年龄特点、认知水平和学习规律，以生动、有趣、直观的方式将复杂的知识和重要的生活技能传授给学前儿童，激发他们的学习兴趣，培养他们的自主学习能力和良好的行为习惯。学前儿童身体认知与保护教育常用的教学方法有讲解法、观察法、讨论评议法、感知体验法等。以大班健康活动“身体的小秘密”为例，教师用到的教学方法主要有观察法和讨论评议法，比如利用人体模型或解剖图，引导学前儿童观察和识别身体的各个部位，如骨骼、肌肉和内部器官，增强学前儿童对身体结构的认识；组织小组讨论，让学前儿童分享他们对身体的认识和感受，如讨论“为什么我们需要保护眼睛”或“怎样保护我们的牙齿”，促进学前儿童之间的交流和思考。通过有效的教学方法，可以将教师的教学活动与学生的学习活动有机地联系起来，共同实现教学目标。

五、活动过程

健康教育活动过程主要包括导入、展开和结束三大部分。导入又称开始部分，主要目的是激发学前儿童参与活动的兴趣，为开展下面的活动做好准备。这部分时间一般不超过 5 分钟。具体的导入方法有很多，如谈话导入、谜语导入、故事导入、表演导入等。比如在大班健康活动“身体的小秘密”的导入环节，教师可以采用游戏导入的方法，即教师发指令，学前儿童触摸自己身体的相应部位，比一比谁的反应又快又准。展开部分又称基本部分，是完成教育要求和任务的主要部分。导入部分结束后，学前儿童的情绪稳定，注意力集中，可以学习新的或较难的活动内容。一般这部分的时间要占到整个活动时长的三分之二。如大班健康活动“身体的小秘密”，在导入环节结束后，教师抓住学前儿童的兴趣，出示道具，引导学前儿童认识男孩和女孩的区别，初步了解男孩和女孩的不同私密部位。结束部分一般可以利用展开部分的最后一项内容，自然过渡到结束。如大班健康活动“身体的小秘密”结束时，教师可以带领学前儿童学唱儿歌《身体妙妙妙》，自然地结束活动，并增强学前儿童的情感体验。

六、活动延伸

活动延伸是教学活动的重要组成部分，它旨在将课堂学习与学前儿童的日常生活紧密联系起来，以巩固和扩展学前儿童在课堂上学到的知识和技能。这种延伸可通过多种活动形式实现，比如：布置家庭作业，鼓励学前儿童与家长一起完成健康习惯调查或践行正确的卫生习惯；参与社区活动，如参观医院或参与社区健康宣传活动，培养学前儿童的社会责任感和实践能力。这些丰富多彩的活动不仅能够加强学前儿童对健康知识的理解，促进学前儿童健康行为习惯的养成，而且能够将健康教育的影响力扩展到课堂之外，深入学前儿童的家庭和社区生活中。

课堂讨论

1. 活动名称是如何影响学前儿童对活动内容的预期和兴趣的？请分别举一个有效的活动名称和一个不太合适的活动名称的例子，讨论它们对学前儿童参与度可能产生的影响。

2. 如何根据不同年龄阶段的学前儿童设计符合其发展特点的活动目标？

实例分析

刘老师计划在大班开展一次健康教育活动，目的是让学前儿童了解人体基本器官的功能，特别是心脏和肺的工作原理。刘老师首先通过故事引入，讲述了一个小孩因为好奇心脏和肺是如何工作的而变成小医生的故事，故事中包含心脏和肺的基本功能介绍。然后使用心脏模型演示心脏如何泵血，并解释心脏跳动的原理。接着通过一个简单的实验，用吹风球连接塑料瓶模拟肺的膨胀和收缩，让学前儿童观察并感受呼吸的过程。刘老师演示完后邀请学前儿童亲自操作心脏和肺的模型，观察肺部在吸气和呼气时的变化，以及心脏是如何帮助血液流动的。学前儿童利用水彩和透明胶片观察液体如何被“心脏”泵出，并流向“身体”的各个部分。最后，刘老师引导学前儿童讨论他们的观察结果，围绕心脏和肺的功能进行小组讨论。学前儿童饶有兴致地分享了他们从模型演示和观察中学到的知识，并表达了他们对人体机能的新认识。

讨论问题：案例中刘老师使用了哪些教学方法？这些方法对于学前儿童理解抽象的生理概念有何作用？

任务测评

一、单选题

1. 下列哪项不是“大班健康活动‘身体的小秘密’”的目标？（　　）

A. 认识心脏和肺的位置

B. 了解心脏如何泵血

C. 掌握复杂的解剖学术语

D. 增强自我保护意识

2. 下列哪个活动名称最适合用于认识身体部位和功能的健康教育活动？（　　）

A.“身体部位大探秘”

B.“快乐学习时光”

C.“今天我们来画画”

D.“数学小游戏”

二、实务题

设计一个延伸活动，旨在深化幼儿园大班儿童对于在“身体的小秘密”健康活动中学到的知识的理解和应用。该活动应能够加强家庭与幼儿园的合作，并增强学前儿童对自身身体部位的认识和保护意识。请具体说明活动的目标、内容、所需材料以及具体实施方法。

任务小结

本任务要求学生遵循学前儿童身体认知与保护教育教学活动的设计思路和框架，完成教学活动的设计与实施。通过指导学生开展系统性设计，帮助其贴合学前儿童发展需求，打造充满启发性和互动性的学习环境。任务强调各环节的精细化策划，以确保教学活动高效开展、教育目标精准落地，同时提供应对教学挑战的资源与策略支持。通过组织实际教学演示与观察环节，本任务能够助力学生提升教学技能，引导学前儿童在实践探索中深化对身体知识的理解与应用。

任务五　实施学前儿童身体认知与保护教育活动

任务分析

本任务的内容是探讨如何实施学前儿童身体认知与保护教育活动。通过各种教学方法，如讲解法、观察法、讨论评议法、实验操作法和感知体验法，以及适当的策略，可以使学前儿童有效地认识和保护自己的身体。教师需要根据学前儿童的年龄特点和发展水平，精心规划每一个活动的内容和流程，确保教学目标的顺利达成。

知识准备

一、学前儿童身体认知与保护教育活动的实施方法

（一）讲解法

讲解法是指教师用语言向学前儿童传授健康知识与技能、组织教学和进行思想教育。该方法适用于向学前儿童讲解身体认知与保护的基本知识，如介绍人体主要器官的功能，或者在游戏活动前介绍游戏规则，引起学前儿童探究的兴趣。同时，由于学前儿童的思维方式以具体形象思维为主，因此讲解时还需要辅以教具、实物等才能达到更好的效果。

（二）观察法

观察法是指使用实物、模型、图书、音像视频等来教学，引导学前儿童通过观察来获得知识。对于学前期的儿童来说，采用直观、感性的教学材料可以让他们更直观地认识自己的身体，并丰富他们的感知经验，进而促进其思维的发展。如在大班健康活动“牙齿咔咔咔”中，教师可以使用牙齿模型引导学前儿童认识牙齿的结构，让学前儿童知道怎样保护牙齿，学习正确的刷牙方法。

（三）讨论评议法

讨论评议法可以激发学前儿童的思维，使学前儿童之间、教师与学前儿童之间充分沟通想法，有助于达成教学目标。比如，在讲述了《没有牙齿的老虎》这一故事后，教师可以提一些问题，如“老虎为什么没有牙齿了呢？”“小兔子为什么叮嘱老虎不要刷牙？”，以引发学前儿童的讨论。

（四）实验操作法

学前期实施的实验操作法主要是通过游戏和操作的过程，让学前儿童在观察、比较中进行发现、学习。这种方式可以激发学前儿童对身边事物的好奇心，培养其敏锐的观察能力和探讨问题的兴趣。比如，教师在讲解牙齿是如何受损的时，可以进行经典的醋泡鸡蛋的实验，让学前儿童通过观察、讨论，理解相关知识，并留下深刻的印象。

（五）感知体验法

感知体验法是指引导学前儿童运用视、听、嗅、品尝、触摸等不同感官渠道进行认识，帮助学前儿童获得关于身心健康的直接的感性经验。比如，在中班健康活动“我的身体会响”中，教师引导学前儿童探索身体的各个部位，并尝试用自己的身体发出声音，体验“身体唱歌”的乐趣。

二、学前儿童身体认知与保护教育活动的实施策略

学前儿童的学习是通过自己特有的方式与周围环境互动的过程，是学前儿童主动探索周围的自然环境和社会环境的过程。学前儿童的学习方式主要是通过实际操作、亲身体验，去模仿、感知、探究，不断积累经验，逐步地建构自己的理解与认识。游戏是学前儿童最重要的学习方式，学前儿童自己的生活是其学习的重要途径。因此，在实施学前儿童身体认知与保护教育时，必须从生活中取材，以生活的逻辑、游戏的形式来加以组织。

（一）注重情感体验

注重情感体验，就是要根据学前儿童的特点，采取相应措施，运用一定的教育、教学手段，激发他们的健康情感，使他们乐意、自愿接受健康知识，改变不正确的健康态度。例如，在对学前儿童进行疾病防治教育时，面对学前儿童“好了伤疤忘了

疼”的特点，教师可以通过图片、视频等唤起学前儿童对疾病的痛苦记忆，引导学前儿童珍惜健康；当班级里有学前儿童因为生病没来时，教师也可以通过“你们生过病吗？”“生病的感觉好吗？”等问题强化学前儿童的体验，进而引出“生病了怎么办？”“怎样才能不生病？”的话题，使学前儿童愿意接受疾病防治教育。

（二）利用生活现象进行教育

儿童天性敏感、好奇，教师和父母可以利用他们的这一特征，用身边的各种现象生动而自然地进行身体认知与保护教育。例如，可通过书报、画册、影视、讲故事等去引导学前儿童观察动物、植物的生长和繁殖，使学前儿童对生殖产生一种自然的认识，从而使他们认识生命的本质。父母在家庭生活中，也可选择适当的时机，如洗澡时、睡前等，自然地帮助学前儿童认识自己的身体，引导学前儿童树立保持身体清洁的意识，养成良好的卫生习惯。

（三）通过绘本实施教学

绘本的内容丰富，大部分绘本都会叙述一个完整的趣味故事，更符合学前儿童的心理特点，能够给学前儿童营造真实生动的学习环境，并提供整体全面的实例。例如，绘本《了不起的身体》中清晰地介绍了主人公豆豆，他拥有了不起的头发、了不起的指甲、了不起的五官，眉毛能保护眼睛，耳朵能听到不同的声音，眼睛能看到美丽的世界，鼻子能闻到各种各样的味道，嘴巴能说话、唱歌、吃东西。虽然这些内容学前儿童从小就耳濡目染，但是通过绘本的形式表现出来，可以让学前儿童更具体、更直观地了解。

课堂讨论

1. 如何根据不同年龄阶段的学前儿童调整观察法和实验操作法，以确保他们可以从活动中获得最大的收益？

2. 在身体认知与保护教育活动中如何有效地融入情感体验以增强学前儿童对健康知识的兴趣？

实例分析

在某幼儿园中班，王老师通过《鳄鱼怕怕 牙医怕怕》这本绘本开展关于保护牙齿的健康教育活动。王老师首先给学前儿童讲述《鳄鱼怕怕 牙医怕怕》的故事，通过生动的图片和语言以及丰富的表情，引起学前儿童的兴趣。在讲故事的过程中，王老师会停下来询问学前儿童他们自己的牙齿照护习惯，如“你们每天都刷牙吗？”“你们怕不怕去牙医那里？”等，以此激发学前儿童的参与感和讨论兴趣。故事讲完后，王老师组织了一场角色扮演活动，学前儿童可以选择扮演故事中的鳄鱼、牙医或是其他角色。通过角色扮演，学前儿童模拟了鳄鱼看牙医的情景，王老师引导学前儿童学习如何表达自己看牙医时的感受，并让学前儿童了解牙医是如何帮助鳄鱼治疗牙痛的。接下来，王老师准备了一些牙刷和牙齿模型，教给学前儿童正确的刷牙方法。学前儿童在老师的指导下学习如何在牙齿模型上正确刷牙，王老师解释了为什么每天刷牙和定期看牙医对保持牙齿健康很重要。活动的最后部分，王老师让学前儿童画出自己的“健康牙齿”海报，并在海报上写上保护牙齿的小提示，比如“每天刷牙两次”或“每半年去牙医那里检查一次”。此外，王老师还为每个学前儿童准备了一份小册子，里面包括《鳄鱼怕怕 牙医怕怕》的故事概要、正确的刷牙步骤和为什么要看牙医的简单解释，然后鼓励学前儿童带回家与父母分享，并将记录一周内的刷牙情况作为家庭作业。

讨论问题：在这个案例中，王老师采用了哪些方法开展身体认知与保护教育活动？这些方法在学前儿童身体认知与保护教育中各有什么优势？

• 任务测评 •

一、单选题

1. 在使用讲解法时，为了提升教学效果，教师通常需要借助什么来辅助教学？（　　）

A. 教具和实物　　B. 仅使用文字描述

C. 让学前儿童自己阅读　　D. 复杂的医学术语

2. 观察法的主要目的是让学前儿童通过（　　）来获得知识。

A. 听讲解

B. 观察实物、模型、图书、音像视频等

C. 完成作业

D. 听故事

二、实务题

组织模拟教学活动，一名学生扮演幼儿园教师，其他学生扮演学前儿童，通过绘本《鳄鱼怕怕 牙医怕怕》开展身体认知与保护教育活动。

任务小结

本任务主要探讨了如何有效地实施学前儿童身体认知与保护教育活动。通过讲解法、观察法、讨论评议法、实验操作法和感知体验法等多种教学方法，教师能够有效地帮助学前儿童认识和保护自己的身体。同时，通过注重情感体验、利用生活现象进行教育、通过绘本实施教学等策略，教师可以增强学前儿童的学习兴趣和参与感，帮助他们在游戏和生活中学会保护自己的身体。

思政园地

思政元素	具体内容
培养职业责任感与社会责任感	作为未来的学前儿童教师，不仅要具备扎实的专业知识，更要有高度的职业责任感和社会责任感。通过案例分析、小组讨论等形式，引导学生思考如何在日常教学中融入身体认知与保护教育。同时鼓励学生关注社会热点，如儿童安全事件，提升他们对社会问题的敏感度和解决能力。
培植全人教育理念与人文关怀	在设计和实施学前儿童身体认知与保护教育活动时，不仅要注重知识和技能的传授，还要关注学前儿童情感、态度和价值观的培养。通过案例分析、教学反思等方式，关注学前儿童的个体差异，尊重学前儿童的主体地位，用爱心和耐心去关怀每一位学前儿童。
树立科学精神与职业素养	在学前儿童身体认知与保护教育中，注重教育内容的科学性和准确性，使用科学术语和方法，培养实事求是的科学态度和严谨的职业精神，提升专业素养。
增强协作意识与团队精神	在课程中设置小组合作、团队项目等教学环节，培养学生的协作意识和团队精神。通过共同完成任务、分享成果、相互评价等方式，增进学生之间的了解和信任，提高沟通能力和协作能力。

项目四

学前儿童饮食营养教育

学习目标

知识目标：

1. 了解学前儿童饮食营养教育的意义。
2. 掌握学前儿童饮食营养教育的原则和途径。
3. 理解设计和实施学前儿童饮食营养教育活动的基本方法和步骤。

能力目标：

1. 能够设计和实施学前儿童饮食营养教育活动。
2. 能够运用多种教育方法帮助学前儿童理解饮食营养知识。
3. 能够有效解决学前儿童饮食中的常见问题。

素养目标：

1. 关心学前儿童饮食健康，树立正确的职业道德意识。
2. 树立科学的饮食观和健康的饮食理念。
3. 增强社会责任感和公共卫生意识。

案例导入

明明在入园初期，经常表现出疲倦、注意力不集中等问题，体重也有点超标。老师经过和家长沟通，发现明明的早餐和晚餐常常是汉堡、炸鸡等快餐，缺乏足够的营养。幼儿园决定以此为契机，在全园范围内开展一系列饮食营养教育活动。

在饮食营养教育活动中，老师通过生动的故事、互动游戏和实地参观等方式，向学前儿童介绍了均衡饮食的重要性，讲解了各种食物的营养价值以及如何合理搭配膳食。学前儿童还参与了“健康小厨师”活动，亲手制作健康的水果沙拉和蔬菜卷，这些活动进一步增强了他们对健康食品的认知和兴趣。经过一段时间的饮食营养教育，明明的饮食习惯逐渐改变，体重趋于正常，精力和注意力也明显提升。通过这个案例，教师和家长深刻地认识到学前儿童饮食营养教育的重要性，以及它对学前儿童身心健康发展的深远影响。

知识卡片

关键词	笔记栏
• 教育意义 • 教育原则 • 教育途径 • 设计实施 • 注意问题	**任务一　认识学前儿童饮食营养教育的意义** 1. 满足生长发育营养需求 2. 把握关键发展时期 3. 形成良好饮食习惯 **任务二　了解学前儿童饮食营养教育的原则** 1. 需求性：满足成长需要 2. 可行性：切实可操作 3. 安全性：确保安全和健康 4. 一致性：教育内容统一 5. 直接性：直观易理解 6. 整合性：多方面结合 **任务三　掌握学前儿童饮食营养教育的途径** 1. 专门的饮食营养教育活动 2. 随机的饮食营养教育活动 3. 体验式饮食营养教育活动 **任务四　设计并实施学前儿童饮食营养教育活动** 明确目标→选择内容→充分准备→确定形式与方法→设计活动过程 **任务五　注意学前儿童饮食营养教育中的问题** 1. 关注身体生长现状 2. 兼顾生理与文化意义 3. 坚持个体与群体平衡 4. 把握坚持与妥协的分寸

总结栏

1. 核心要点
- 教育体系：意义→原则→途径→设计→实施
2. 实践启示
- 六大原则指导
- 三种途径实施
- 五个环节设计
- 四项要点把控
3. 记忆助手
- 六原则："需可安一直整"
- 三途径："专随体"
- 五设计："目内准形程"
- 四注意："关兼坚把"

任务一　认识学前儿童饮食营养教育的意义

任务分析

本任务将探讨学前儿童饮食营养教育的意义。通过阐述学前儿童生长发育的营养需求、促进健康发展的关键时期，以及培养良好饮食习惯的重要性，帮助学生掌握学前儿童饮食营养教育的基本理论和实践方法。

知识准备

一、学前儿童生长发育的营养需求

学前阶段是儿童身体迅速生长和发育的时期，这一时期的儿童对能量和各种营养素的需求量较大且要求较高。蛋白质、脂肪、碳水化合物、维生素、矿物质等营养素都是儿童生长发育所必需的。蛋白质是构成人体组织的基本物质，对学前儿童身体的生长和修复至关重要；脂肪是重要的能量来源，同时也参与细胞膜的构成和激素的合成；碳水化合物则是能量的主要来源，能够为学前儿童提供日常活动所需的能量；维生素、矿物质参与人体的多种生化反应，对维持学前儿童正常的生理功能起着重要作用。

蛋白质作为构筑身体细胞的基石，对于学前儿童的肌肉生长与组织修复具有至关重要的作用。在幼儿园中，教师可通过精心设计的膳食计划，如每周安排富含优质蛋白质的鸡肉、豆腐及牛奶等食材，并结合生动有趣的讲解，引导学前儿童认识到蛋白质对于身体生长发育的重要性。脂肪不仅是能量的重要储存形式，更是大脑发育不可或缺的养分。教师应强调摄取健康脂肪的重要性，如通过营养课程展示鱼油、坚果及橄榄油等优质脂肪来源，并鼓励学前儿童亲自品尝，直观感受这些“聪明脂肪”对大脑发育的益处。碳水化合物则是学前儿童日常活动所需能量的主要提供者。鉴于学前儿童活泼好动的天性，教师应特别注重在户外活动前为他们准备如全麦面包、水果沙拉等富含碳水化合物的食物，并在活动后适时讲解碳水化合物是如何转化为能量的，支持他们尽情探索与游戏。此外，维生素（如维生素 D）和矿物质（如钙、铁及锌等），对于学前儿童骨骼发育、牙齿健康及免疫系统发育具有不可估量的价值。为此，教师可创新性地举办“蔬果嘉年华”活动，鼓励每位学前儿童携带一种水果或蔬菜入园，通过共同品尝与互动讲解，让学前儿童在欢声笑语中掌握各类食材中的营养素及其对健康的积极影响。

二、促进健康发展的关键时期

学前阶段是儿童健康发展的关键时期，良好的饮食营养能够为他们的健康成长提供有力保障。在这一时期，通过科学合理的饮食安排，可以满足学前儿童身体对营养的需求，促进其身体的正常发育和成长。同时，健康的饮食习惯和行为也能够为学前儿童未来的健康奠定坚实的基础。因此，教师和家长应高度重视学前儿童的饮食营养教育，确保他们获得全面、均衡、充足的营养。

合理的营养摄入可以预防肥胖、糖尿病、贫血等常见疾病。例如，某幼儿园在每年秋季开展“健康体检周”活动，通过体检结果分析学前儿童的健康状况，并有针对性地调整饮食计划，预防与营养相关的疾病。充足的营养能促进大脑发育，提升认知和学习能力。例如，在一次关于大脑发育的课程中，教师用形象的图片和视频展示了大脑的结构，并解释了营养对大脑发育的重要性，增强了学前儿童摄入各种营养的兴趣和积极性。良好的营养还能增强免疫系统功能，提高学前儿童抵御疾病的能力。例如，某幼儿园每天早上都会为学前儿童提供富含维生素 C 的橙汁，教师还会借此机会讲解维生素C的功能，如增强免疫能力，预防感冒等疾病。

三、培养良好饮食习惯的重要性

良好的饮食习惯是学前儿童健康成长的重要保障。在学前阶段，儿童的饮食习惯尚未完全形成，具有很强的可塑性。通过饮食营养教育，可以引导学前儿童养成定时定量进餐、细嚼慢咽、不偏食不挑食等良好的饮食习惯。这些好习惯一旦形成，将对学前儿童的终身健康产生积极的影响。此外，良好的饮食习惯还有助于培养学前儿童的自我管理能力，使他们能够根据自己的身体需求合理安排饮食，保持健康的体魄。因此，教师和家长应抓住学前阶段这一关键时期，加强对学前儿童的饮食营养教育，培养他们良好的饮食习惯。

例如，某幼儿园举办了“健康自助餐”活动，让学前儿童自由选择自己喜欢的健康食品，教师在旁指导如何选择均衡的餐食，帮助学前儿童培养自主选择健康食品的能力。又如，某幼儿园每周都设有“国际美食日”，介绍不同国家的健康食品，鼓励学前儿童品尝新食物，提高饮食多样性，保证营养的全面摄入。良好的饮食习惯教育不仅对学前儿童有重要影响，也能带动整个家庭的健康饮食文化建设。例如，某幼儿园开展“家庭健康饮食计划”和“亲子烹饪课”活动，鼓励家长和学前儿童共同参与，学习制作健康食谱，并一起制订家庭饮食计划，分享家庭饮食文化，促进全家健康饮食习惯的形成。

课堂讨论

1. 为什么学前阶段是儿童生长发育的关键时期？
2. 如何在日常生活中培养学前儿童的良好饮食习惯？

实例分析

某幼儿园举办了一次“健康自助餐”活动，旨在通过实践和引导，让学前儿童学会自主选择健康食品，并形成良好的饮食习惯。幼儿园准备了多种健康食品，包括全麦面包、水果沙拉、蔬菜条、煮鸡蛋、牛奶、坚果等，确保食物种类丰富且营养均衡。教师布置了一个自助餐区域，设立了不同食品的取餐台，确保每种食品都有详细的营养介绍和图片说明。此外还准备了一些关于健康饮食的图画书和简易手册，帮助学前儿童理解不同食物的营养价值。活动开始前，教师向学前儿童讲解了健康饮食的重要性，介绍了此次活动的规则和目的，并利用图片和模型，形象地解释了不同食物的营养成分及其对身体的好处。活动开始，学前儿童被分成小组，每组轮流到自助餐区自由选择自己喜欢的健康食物。教师在旁指导，帮助学前儿童根据自身的营养需求选择均衡的餐食。例如，建议每个学前儿童选择至少一种蛋白质来源（如煮鸡蛋）、一种蔬菜、一份水果和一份全谷物食品。在用餐过程中，教师鼓励学前儿童分享自己选择的食物，并讨论为什么选择这些食物。通过互相交流，学前儿童了解了更多健康饮食的知识。

讨论问题：如何将本次活动的效果延伸到家庭中，进一步巩固学前儿童的健康饮食习惯？

任务测评

单选题

1. 哪种营养素是学前儿童日常活动所需能量的主要提供者？（　　）

A. 蛋白质　　B. 脂肪

C. 碳水化合物　　D. 维生素

2. 在“健康体检周”活动中，幼儿园通过体检结果分析学前儿童健康状况的目的是（　　）。

A. 提高家长的参与度

B. 提高学前儿童的学习成绩

C. 预防与营养相关的疾病

D. 促进学前儿童社交能力发展

任务小结

通过本任务的学习和实践，学生了解了学前儿童生长发育的营养需求，知道了学前阶段是儿童健康发展的关键时期，明白了培养学前儿童良好饮食习惯的重要性。同时，通过实际案例的分析，学生对学前儿童饮食营养教育的认知得到了深化，为将来在工作中更好地开展饮食营养教育奠定了坚实的基础。

任务二 了解学前儿童饮食营养教育的原则

任务分析

本任务主要探讨学前儿童饮食营养教育的原则，包括需求性原则、可行性原则、安全性原则、一致性原则、直接性原则和整合性原则，重点掌握在学前儿童饮食营养教育中如何应用这些原则的理论和实践方法。

知识准备

一、需求性原则

需求性原则是指饮食营养教育应关注学前儿童发展的需要。饮食营养教育活动的内容来源于学前儿童的生活，来源于学前儿童的需要。由于所处环境的不同、年龄的差异，不同学前儿童的饮食行为、饮食态度和健康状况等不尽相同。因此，学前儿童饮食营养教育活动应从学前儿童的实际出发，让学前儿童了解食物与人类健康之间的关系，形成主动、持久、稳定、自觉的健康饮食行为和态度。

二、可行性原则

可行性原则是指饮食营养教育应适合学前儿童的身心发展特点。饮食营养教育的内容、方法等是否适合不同年龄阶段的学前儿童，能否为不同发展水平的学前儿童所认知和接受，是开展教育活动前必须认真思考的问题。例如，小班儿童入园不久，认知水平相对较低，生活经验不丰富，独立生活能力较弱，在进餐时往往表现出挑食、偏食的问题。此时，饮食营养教育的内容应偏重于兴趣的激发和习惯的培养，教育方法可以选择故事法、榜样法和练习法等。又如，中、大班的儿童认知水平有了较大的发展，生活经验越来越丰富，独立生活能力也增强了。因此，对中、大班儿童进行的饮食营养教育可以加强认知性和操作性，教育方法通常更多地采用实践操作法、情景法等。

三、安全性原则

安全性原则是指饮食营养教育应保证学前儿童的安全和健康。饮食营养教育的内容非常丰富，在选择教育内容的过程中应将学前儿童的安全和健康放在首位。例如，冰激凌是学前儿童喜爱和感兴趣的食品，但由于多食冰激凌会影响学前儿童的食欲和消化吸收，因此不宜作为教育内容。

四、一致性原则

一致性原则是指饮食营养教育对学前儿童的要求应前后一致、家园一致。饮食营养教育非一朝一夕的事，教师要注意在教育中对学前儿童的要求要始终如一，不应随意改变；同时，家庭中的教育要求也要与幼儿园的教育要求统一起来，这样才能取得好的教育效果。

五、直接性原则

直接性原则是指饮食营养教育的内容应尽可能是学前儿童能够直接感知的。学前儿童可以通过视觉、听觉、触觉、味觉和嗅觉等途径感知外部信息。如果在教育活动中，学前儿童能同时动用多种感官通道直接参与学习，学习效果会更佳。饮食营养教育与学前儿童的感知觉有着密切的关系。在活动中，要尽可能让他们多探究、多试验、多模仿、多创造，通过看、听、闻、摸、尝等多种方式来促进学习。例如，在认识豆浆的活动中，教师可以请学前儿童参与到制作豆浆的过程中，比较黄豆和豆浆的不同形态，观察豆浆的颜色，品尝豆浆的味道等。通过多种感官的直接感知，学前儿童会更愿意接受不同的食物。

六、整合性原则

整合性原则有两层含义。一是指饮食营养教育的内容、方法、场所和途径等应尽可能全面整合。饮食营养教育是让学前儿童了解各种食物及其对人体生长发育、维护健康的作用和影响的活动，所以在教育中应拓宽视野，建立整体的饮食营养教育观念。同时，饮食营养教育除正式的教育活动外，还可以渗透于幼儿园一日活动的其他环节中，甚至是家庭教育中。饮食营养教育活动应整合园内、园外一切可利用的资源，既可以在幼儿园园内进行，也可以走进社会，在农场中、工厂里、超市中进行。另外，在饮食营养教育活动中，教师应根据学前儿童的年龄特点、认知特点、兴趣爱好和个体差异等因素，合理地选择多种教育方法，促进学前儿童对饮食营养知识的理解，帮助他们养成健康的饮食营养习惯。

二是指在饮食营养教育中可以将各领域的教育内容整合起来。教师应将学前儿童教育中的语言、艺术、科学、社会各个领域与饮食营养教育有机整合，建立和形成完整的饮食营养教育模式。例如，在“有趣的蛋”主题活动中，学前儿童不仅学习了蛋的品种和营养价值，而且通过比较蛋的大小、探索区分生蛋和熟蛋的方法以及利用蛋壳制作工艺品等活动，培养了科学探究能力、创造力和精细动作技能，还在与同伴的讨论交流中发展了社会交往能力。整合性教育确保了不同领域教育内容的连贯性，加强了家庭和幼儿园之间的合作，有助于共同促进学前儿童健康饮食习惯的形成，为学前儿童的全面发展奠定坚实的基础。

课堂讨论

1. 怎样实现家庭与幼儿园在饮食营养教育上的一致性？

2. 如何通过整合性原则的应用，将饮食营养教育与其他领域教育相结合，形成整体教育模式？

实例分析

某幼儿园为了培养学前儿童的饮食营养意识，开展了“营养小厨师”活动。教师在活动前了解了每个学前儿童的饮食习惯和营养需求，确保活动内容能满足学前儿童的实际需要。通过家长问卷和观察记录，教师发现部分学前儿童有挑食现象，于是决定将活动重点放在引导学前儿童尝试不同的食物上。考虑到小班儿童的认知能力较低，教师选择了简单易懂的故事法和榜样法，通过讲述“小兔子爱吃蔬菜”的故事，激发小班儿童对蔬菜的兴趣。中班和大班的儿童则进行实际操作，制作简单的蔬菜沙拉，体验自己动手的乐趣。

讨论问题：上述案例中的活动体现了学前儿童饮食营养教育的什么原则？

任务测评

单选题

1. 在学前儿童饮食营养教育中，强调教育内容应适合学前儿童身心发展特点的是哪项原则？(　　)

A. 需求性原则　　B. 可行性原则

C. 安全性原则　　D. 一致性原则

2. 在学前儿童饮食营养教育中，强调教育内容应关注学前儿童发展的需要，并根据不同环境和年龄差异进行调整的是哪项原则？(　　)

A. 安全性原则　　B. 一致性原则

C. 需求性原则　　D. 整合性原则

任务小结

本任务深入探讨了学前儿童饮食营养教育的六大原则：需求性原则、可行性原则、安全性原则、一致性原则、直接性原则和整合性原则。通过具体实例和课堂讨论，学生理解了如何在实际教学中应用这些原则设计和实施有效的饮食营养教育活动。

任务三　掌握学前儿童饮食营养教育的途径

任务分析

本任务主要探讨学前儿童饮食营养教育的多种途径，包括专门的饮食营养教育活动、随机的饮食营养教育活动和体验式饮食营养教育活动。通过这些教育途径，教师能够帮助学前儿童掌握基本的营养知识，养成良好的饮食习惯。

知识准备

一、专门的饮食营养教育活动

专门的饮食营养教育活动是指教师根据教育目标，有系统、有计划、有组织地开展的饮食营养教育活动。这是学前儿童饮食营养教育的一个重要途径。通过这类活动，教师可以系统地向学前儿童传授营养知识，并帮助他们养成良好的饮食习惯。例如，某幼儿园教师组织实施了“面粉的秘密”主题活动，其中包含“饺子宴会”“野餐”“参观面包房”等系列活动。在“饺子宴会”上，学前儿童尝试亲手制作饺子，学习面粉的使用方法和不同馅料的搭配；在“野餐”活动中，学前儿童体验了不同面粉制品的风味和食用方式；在“参观面包房”活动中，学前儿童看到了面包的制作过程，了解了面包的营养成分。通过这些活动，学前儿童不仅了解了面粉的来源和制作过程，还直观地认识到了面粉制品在日常饮食中的重要性，从而丰富了营养知识、增强了健康意识。

二、随机的饮食营养教育活动

随机的饮食营养教育活动是指教师结合日常生活活动进行的饮食营养教育活动。幼儿园一日活动中蕴藏着很多饮食营养教育的契机，教师应充分把握这些机会，加深学前儿童对饮食营养知识的认知，帮助他们养成良好的饮食习惯。例如，在用餐时间，教师可以通过引导学前儿童讨论不同食物的营养价值，纠正他们的偏食和挑食行为，也可以向学前儿童讲解每种食物的营养成分及其对身体的好处，鼓励学前儿童尝试不同的食物；在点心时间，教师可以提供健康的零食，并解释为什么这些零食对身体更有益。此外，教师还可以通过自己的行为和言语，对学前儿童起到潜移默化的作用。比如，在日常生活中，教师可以在喝水时告诉学前儿童水的重要性，鼓励他们多喝水；在吃水果时，向学前儿童讲解水果中的维生素对身体的益处，鼓励他们多吃水果。

三、体验式饮食营养教育活动

体验式饮食营养教育活动是指教师根据教育内容安排的让学前儿童直接参与和亲

身体验的活动形式。这类活动的真实性和直观性能加深学前儿童对营养知识的感性认识，增强他们对良好饮食习惯的认同感。例如，教师可以组织“多元文化美食节”活动，让学前儿童体验不同民族和文化的就餐礼仪。在活动中，学前儿童可以品尝不同国家的传统食品，了解这些食品的制作方法和营养价值。如在“意大利美食日”，学前儿童学习制作比萨，了解比萨的营养成分，并通过互动游戏了解意大利的饮食文化。此外，教师还可以带学前儿童参与蔬菜种植和食物制作活动。例如，通过参观农场，让学前儿童了解蔬菜和水果的种植过程，并亲手种植一些蔬菜。在收获季节，让学前儿童采摘自己种植的蔬菜，并一起制作简单的沙拉或汤。在制作过程中，教师还可以向学前儿童讲解这些食材的营养价值及其对身体的益处。

课堂讨论

1. 为什么专门的饮食营养教育活动对于学前儿童的健康成长至关重要？

2. 在日常生活中，教师和家长应如何通过随机的饮食营养教育活动帮助学前儿童养成良好的饮食习惯？

实例分析

在幼儿园的午餐时间，教师发现许多学前儿童挑食、偏食，尤其不爱吃蔬菜和水果。为纠正这种不良习惯，教师决定利用午餐时间开展随机的饮食营养教育活动。午餐前，教师展示了当天的菜单：蔬菜炒饭、水果沙拉和鸡肉汤。教师用简单的语言介绍了每道菜的营养成分及其对身体的好处，如蔬菜富含维生素和膳食纤维，能促进消化和增强免疫力；水果提供丰富的维生素C，可以预防感冒；鸡肉含有高质量的蛋白质，有助于肌肉和组织的生长。然后，教师邀请学前儿童分享对这些食物的看法，鼓励他们说出自己喜欢和不喜欢的食物，并解释原因。针对学前儿童的回答，教师耐心地讲解了这些食物的重要性，并用有趣的故事和比喻吸引他们的注意力。教师用激励的方式鼓励学前儿童尝试平时不喜欢的食物，例如“今天，我们来进行一个小挑战，每个小朋友都尝一口自己不常吃的食物，看谁最勇敢”，并在学前儿童尝试后给予表扬和鼓励，帮助他们克服对新食物的恐惧和抵触心理。此外，教师还通过自己的行为示范，发挥了健康饮食的榜样作用。在用餐时，教师自己选择了多种食物，并愉快地品尝。同时，教师用温柔的语气提醒学前儿童：“我们要吃各种颜色的蔬菜，这样身体才会更健康哦！”用餐结束后，教师组织学前儿童进行小组分享，让每个学前儿童都说说今天尝试新食物的感受。通过这种分享，学前儿童互相鼓励，增强了对健康饮食的认同感和兴趣。

讨论问题：教师应如何通过示范行为和语言鼓励，来帮助学前儿童形成良好的饮食习惯？在日常生活中，教师和家长可以采取哪些措施来巩固学前儿童在幼儿园学到的健康饮食知识和行为？

任务测评

单选题

1. 专门的饮食营养教育活动的主要特点是（　　）。

A. 随机性和灵活性

B. 有系统、有计划、有组织

C. 基于家庭日常活动

D. 注重即兴和互动性

2. 以下哪种方法不属于体验式饮食营养教育活动？（　　）

A. 组织“多元文化美食节”

B. 在午餐时间讲解食物的营养价值

C. 带学前儿童参观农场并亲手种植蔬菜

D. 让学前儿童体验不同民族的就餐礼仪

任务小结

本任务探讨了学前儿童饮食营养教育的三种主要途径：专门的饮食营养教育活动、随机的饮食营养教育活动和体验式饮食营养教育活动。开展专门的饮食营养教育活动，通过有系统、有计划、有组织的教育活动，帮助学前儿童全面了解营养知识；开展随机的饮食营养教育活动，利用日常生活中的机会，增强学前儿童对饮食营养的认知和兴趣；开展体验式饮食营养教育活动，通过让学前儿童亲身参与和实际操作，使他们在真实的情境中加深对营养知识的理解。通过这些多样化的教育途径，教师可以更有效地帮助学前儿童养成健康的饮食习惯，促进他们的全面发展。

任务四　设计并实施学前儿童饮食营养教育活动

任务分析

本任务主要探讨如何设计并实施学前儿童饮食营养教育活动。通过系统的分析和实际案例的讨论，教师能够设计和实施适宜的饮食营养教育活动，促进学前儿童的健康成长。

知识准备

一、活动目标

《纲要》提出了学前儿童健康教育的四个总目标，而饮食营养教育包含在健康教育之中，因此学前儿童饮食营养教育的目标必须依据学前儿童健康教育总目标来制定，并通过实践研究将饮食营养教育目标明确化和细化，使其适应学前儿童的年龄特点，又具有操作性。学前儿童饮食营养教育具体活动的目标又是年龄阶段目标的细化，因此表述应简明清晰、准确具体，目标内涵不要过大，条目不要过多，一般两三条即可。目标过大或过多都意味着难以达成，也体现不出学前儿童年龄阶段的特点。

二、活动内容

学前儿童饮食营养教育活动的内容可以根据目标来选择，要注意活动内容应符合不同年龄阶段学前儿童的需要和兴趣，同时应兼顾全面性。学前儿童饮食营养教育活动的内容并非单纯让学前儿童认识各种食物的名称、形状、色彩、性质，还应该帮助学前儿童理解人体需要的营养素与人体健康的关系，建立良好的饮食行为，养成良好的饮食卫生习惯，掌握正确的饮食方法、技能，了解我国民间饮食文化及各国饮食风俗习惯，养成健康文明的饮食礼仪，并掌握简单的处理和烹调食物的方法。学前儿童饮食营养教育活动在做到对以上内容的整合后，还应考虑与幼儿园其他领域教育内容的整合，如与语言、艺术、科学、社会等领域教育内容自然、有机地整合。

三、活动准备

在设计并实施学前儿童饮食营养教育活动时，需做好周全的活动准备。活动准备主要包括以下几个方面：一是知识储备，教师要深入学习学前儿童饮食营养方面的知识并参加专业培训，掌握相关教学方法，同时收集、整理如图片、绘本、视频等各类资料及简化的营养知识小贴士。二是物质材料准备，教师要准备食物展示材料，包括常见食物的实物与模型及分类容器；购置或制作教学辅助道具，如人体消化系统模型、营养拼图游戏道具、角色扮演道具等；还要准备好活动记录材料，如相机与记录表格。三是环境布置，教师要依据活动主题对教室进行主题布置，营造氛围，展示相关手工艺品，并合理划分活动区域，如食物展示区、教学活动区、游戏体验区、手工制作区等。四是家园沟通，教师应提前向家长发送活动通知说明相关信息及重要性，争取家长的配合，发动家长参与，收集其提供的特色食物、烹饪经验、废旧材料等资源，帮助学前儿童在轻松愉快的氛围中学习饮食营养知识并养成良好的饮食习惯。

四、组织形式与方法

教师在组织学前儿童饮食营养教育活动时应根据活动内容、材料、场地等各种因素，将集体教育、小组活动与个别指导相结合。丰富多样的组织形式能够更好地调动学前儿童学习的兴趣，提供更多师幼互动、幼幼互动的机会，从而提升教育活动的效果。例如，集体教育适合帮助学前儿童理解一些饮食知识和掌握一些饮食技能；小组活动便于一些操作活动的开展和教师的指导；而个别指导则方便教师与个别学前儿童互动，实现对个别学前儿童的有效帮助。

组织方法的有效性与受教育者的年龄特点、心理特点以及教育内容相关。因此，必须给予学前儿童饮食营养教育活动组织方法的针对性、多样性及趣味性足够的重视。在组织学前儿童饮食营养教育活动时，练习、讲解、演示、表演、游戏、操作及生活事件讨论等方法都比较适合。学前儿童年龄越大，组织方法选择的余地也相对越大。

五、活动过程

学前儿童饮食营养教育活动的过程一般由导入部分、基本部分、结束部分构成。

教师在活动过程中要考虑活动流程的先后顺序，使教育活动层层深入；要考虑何时且如何提问，以启发学前儿童思考；要考虑活动中间的小结与活动最后总结的关系，注意总结不是简单的重复，而应有助于学前儿童归纳要点，使他们已有的经验获得提升。教育活动过程属于教师预先考虑充分但实际变数最大的范畴。教师一般会在头脑中或在文本上对活动过程的大致走向进行预演，还要预想多种情形、多种应对方法和多种结果。但在实际活动中，却会不断出现新的情形、新的问题和新的教育机会。因此，教师在教育活动过程中不仅要注意是否达成了既定目标，而且要灵活应对各种可能出现的变化，同时要能敏锐地发现新的、有价值的教育契机。

课堂讨论

1. 为什么设定明确的活动目标对于学前儿童饮食营养教育至关重要？

2. 在实际操作中，如何确保饮食营养教育内容适应不同年龄阶段学前儿童的需求？

实例分析

在一次以“健康早餐”为主题的活动中，王老师设计了一次让学前儿童学习制作汉堡包的活动。活动开始，王老师简单地告诉学前儿童今天要学习制作汉堡包，但是她没有详细解释汉堡包的营养价值，也没有讲解早餐的重要性。学前儿童听到要做汉堡包，都显得非常兴奋。王老师提供了大量的食材，包括培根、炸鸡块、甜酱和高糖面包，然后把学前儿童分成小组制作汉堡包。由于缺乏明确的指导，学前儿童在使用刀具和烤盘时显得手忙脚乱，有的学前儿童甚至不小心割伤了手指。在制作过程中，食材被大量浪费，一些学前儿童为了好玩，甚至互相投掷面包和酱料。

在活动即将结束时，学前儿童兴高采烈地展示了自己的汉堡包作品，然后在活动结束前匆匆吃掉了汉堡包。王老师没有组织分享和总结环节，也没有进行关于健康饮食的知识传递。

讨论问题：在该活动中，教师在哪些环节设计不当，导致活动未能达到预期效果？教师应如何改进这个活动，使其更符合学前儿童饮食营养教育的目标？

• 任务测评 •

一、单选题

1. 学前儿童饮食营养教育的内容不仅包括各种食物的名称、形状、色彩和性质，还应包括下列哪一项？（　　）

A. 食物的烹饪技巧　　B. 营养素与人体健康的关系

C. 食物的历史和文化　　D. 各种食物的市场价格

2. 学前儿童饮食营养教育的目标表述应当（　　）。

A. 简明清晰、准确具体　　B. 繁复详细

C. 含有大量专业术语　　D. 无限制

二、实务题

设计一个以“水果拼盘”为主题的饮食营养教育活动，详细说明活动目标、活动内容、活动准备、组织形式与方法和活动过程。

• 任务小结 •

本任务深入探讨了如何设计并实施学前儿童饮食营养教育活动。通过系统的分析，明确了饮食营养教育活动的目标，并结合学前儿童的身心发展特点，提出了切实可行的活动内容及活动组织形式与方法。同时强调了充分准备的重要性，包括知识储备、物质材料准备、环境布置和家园沟通。此外，通过反面案例分析，认识到了活动设计中的常见问题，并提出了改进措施。

任务五　注意学前儿童饮食营养教育中的问题

任务分析

本任务旨在通过具体实例分析，让学生了解在学前儿童饮食营养教育中应注意的问题。通过关注学前儿童身体生长现状、兼顾食物和进餐的生理与文化意义、坚持个

体与群体的平衡、把握坚持与妥协的分寸，全面提升教育实践能力。

知识准备

一、关注学前儿童身体生长现状

在物资匮乏的年代，许多学前儿童缺乏足够的食物，导致营养不良。然而，当前我国学前儿童营养不良的主要原因已转变为膳食不平衡和不良饮食习惯。比如营养过剩和偏食油腻食物，导致脾胃负荷过重，引起消化功能紊乱；暴食冷饮导致脾胃疾病，影响营养吸收。因此，饮食营养教育必须针对学前儿童的实际问题，有目的地选择教育重点。例如，激发学前儿童的食欲，引导他们控制偏食、学习平衡饮食等。比如，教师可以通过组织“健康饮食周”活动，让学前儿童每天尝试不同种类的健康食品，并通过游戏和故事让他们了解这些食物对身体的好处，从而帮助他们改善饮食习惯。

二、兼顾食物和进餐的生理与文化意义

饮食营养教育应注重学前儿童的感受和经验，避免枯燥的说教和强迫。例如，可以通过适当的方法加深学前儿童对天然食物的感官认识，让他们充分欣赏和表达食物的特点，如荸荠的清香、木耳的动感、胡萝卜的艳丽、芹菜的修长。也可以通过卡通形象展示含有蛋白质、脂肪、碳水化合物、维生素、矿物质、膳食纤维等营养素的各类食物，让学前儿童更直观地认识不同食物的营养成分，使抽象的营养知识变得生动有趣。同时，还可以通过介绍不同民族的进餐姿势、餐具使用方法和进餐卫生习惯等，对学前儿童进行进餐礼仪教育。例如，教师可以安排“世界美食日”活动，让学前儿童品尝来自不同国家的传统食物，并了解这些食物的文化背景和营养价值，从而培养他们对多样化饮食的兴趣和尊重。

三、坚持个体与群体的平衡

美国社会心理学家勒温（K. Lewin）认为，不同的群体会对个体产生不同的影响，个体与群体之间应处于平衡状态，当这种平衡被破坏时，会引起个体的紧张，这种紧张刺激会促使个体通过努力与群体取得新的平衡。这一观点揭示了人类个体的从众心

理，尤其是学前儿童，他们常常会说“他们都这样，我也要这样”。在健康饮食习惯的培养中，教师应利用良好的群体影响，让学前儿童主动向同伴学习，逐步改变不良饮食习惯。例如，教师可以在午餐时间组织“健康饮食小组”，安排挑食的学前儿童与喜欢健康食物的同伴一起用餐，通过榜样的力量促使他们尝试新食物。同时，可以将饮食营养教育的对象扩展到家庭，让学前儿童在幼儿园和家庭中都有良好的榜样。例如，可以通过开展“家庭健康饮食挑战赛”活动，让家长和学前儿童共同制订健康饮食计划，并记录和分享他们的饮食变化和健康收益。

四、把握坚持与妥协的分寸

在饮食营养教育过程中，当学前儿童不愿意吃眼前的食物时，成人应解释食物的优点，让学前儿童学会面对现实、适应环境。例如，可以通过绘本故事讲解食物的营养价值和重要性，让学前儿童理解为什么需要吃这些食物。对于总是想离开餐桌的学前儿童，可以明确告诉他要么吃要么玩，不吃就必须等到下一顿正餐再吃。正餐之间的点心原则上只为三餐正常的学前儿童提供。对于挑食、偏食的学前儿童，不要强迫他们吃不喜欢的食物，可以先了解他们挑食的原因，再逐步改进其不良饮食行为。例如，可以通过角色扮演游戏，让学前儿童扮演“食物小医生”，帮助他们从新的角度理解不同食物的重要性。当学前儿童在进食方面有进步时，不要以非健康食品作为奖励，可以用口头表扬、游戏等“非食物手段”予以鼓励。例如，可以设置“健康饮食之星”奖项，表扬那些敢于尝试新食物和坚持健康饮食的学前儿童，激励他们继续保持良好的饮食习惯。

课堂讨论

1. 为什么当前我国学前儿童营养不良的主要原因已转变为膳食不平衡和不良饮食习惯？

2. 如何在饮食营养教育中加深学前儿童对天然食物的感官认识？

实例分析

某幼儿园教师发现许多学前儿童在吃午餐时对蔬菜不感兴趣，经常剩下菠菜和西兰花。为了改善这一情况，教师决定在午餐时间开展一次随机的饮食营养教育活动。

午餐开始前，教师先准备了一些关于蔬菜的趣味知识卡片，并用生动的语言向学前儿童介绍这些蔬菜的营养价值，例如菠菜富含铁，有助于预防贫血；西兰花含有丰富的维生素C和膳食纤维，有助于增强免疫力和促进消化。然后，教师给每个学前儿童发了一张有趣的蔬菜贴纸，鼓励他们尝试吃菠菜和西兰花。在进餐过程中，教师注意观察学前儿童的反应，及时给予鼓励和表扬。例如，当看到一个学前儿童勇敢地尝试了菠菜时，教师马上说："你真勇敢，试了一口菠菜，它会让你更强壮哦！"此外，教师还讲了一个"蔬菜英雄"的故事，让学前儿童了解到多吃蔬菜可以让他们变得像故事中的英雄一样健康和强大。午餐结束后，教师组织学前儿童进行了一次"蔬菜大讨论"，让每个学前儿童分享自己尝试新蔬菜的感受。有的说："我觉得菠菜其实还不错，有点甜甜的。"有的说："西兰花吃起来脆脆的，我挺喜欢。"通过这种分享，学前儿童互相鼓励，增强了对蔬菜的兴趣和认同感。

讨论问题：在这次活动中，教师采取了哪些策略来激发学前儿童尝试蔬菜的兴趣？如何将这种正面的用餐体验延续到家庭中，让学前儿童在家也愿意多吃蔬菜？

• 任务测评 •

一、单选题

1. 当前我国学前儿童营养不良的主要原因是什么？（　　）

A. 经济问题　　B. 膳食不平衡或不良饮食习惯

C. 缺乏体育锻炼　　D. 缺乏医疗资源

2. 在学前儿童饮食营养教育中应注重以下哪方面？（　　）

A. 强制要求学前儿童吃不喜欢的食物

B. 通过游戏和故事帮助学前儿童理解食物的营养价值

C. 只关注高热量食物

D. 忽视学前儿童的饮食偏好

二、实务题

模拟组织一次"世界美食日"活动，让学前儿童体验不同国家的传统食物，并了解这些食物的文化背景和营养价值。请设计活动流程和具体的执行方案，并在课堂上进行演练。

任务小结

本任务探讨了学前儿童饮食营养教育中的关键问题，并针对这些问题提出了具体的教育策略。通过关注学前儿童身体生长现状、兼顾食物和进餐的生理与文化意义、坚持个体与群体的平衡，以及把握坚持与妥协的分寸，可以有效改善学前儿童的饮食习惯和营养状况。此外，通过实例分析和课堂讨论，学生还进一步理解了如何在实际教育中应用这些策略，提升学前儿童的饮食营养教育效果。

思政园地

思政元素	具体内容
培养社会责任感和健康生活理念	通过实例分析，强调家长和教师在学前儿童健康成长中的重要作用，增强学生在未来教育工作中推广健康饮食的责任意识。帮助学生树立科学健康的生活理念和饮食观念，鼓励他们在未来的教育工作中积极传播和实践这些理念与观念，提高学前儿童的健康水平。
尊重文化多样性和培养合作精神	在体验式活动中，让学生感受和了解不同文化的饮食习惯，增强对文化多样性的认识和尊重。同时，通过小组活动和家庭参与的教育方式，培养学生在未来工作中促进家园共育的能力，理解团队合作和家庭教育的重要性，增强社会互动，培养合作精神。
培养良好品德和行为习惯	让学生认识到自律、节约和尊重等品质在饮食营养教育中的重要性，并在未来教育实践中加以应用，培养良好的行为习惯和品德。
提升科学素养和创新能力	鼓励学生结合科学知识进行创新设计，利用现代技术和多媒体手段，设计新颖有趣的饮食营养教育活动，提升教育效果，增强学前儿童的学习兴趣和参与感。培养学生的科学素养和创新能力，为未来更好地开展教育工作打下坚实的基础。

项目五

学前儿童生活能力与卫生习惯教育

学习目标

知识目标：

1. 明确学前儿童生活能力与卫生习惯教育对学前儿童成长的重要性。

2. 理解学前儿童生活常规教育、自理能力教育和卫生习惯教育的目标。

3. 掌握学前儿童生活常规教育、自理能力教育和卫生习惯教育的内容与方法。

能力目标：

1. 具备设计和实施学前儿童生活常规、自理能力和卫生习惯教育活动的能力。

2. 能够有效指导学前儿童养成良好的生活能力和卫生习惯。

3. 能够熟练运用各种教育方法进行学前儿童生活能力与卫生习惯教育。

素养目标：

1. 培养对学前儿童教育事业的责任感。

2. 增强公共责任感和自律意识。

3. 培养良好的行为规范，树立正确的教育理念和职业道德意识。

案例导入

某幼儿园每月都会举办“小小生活能手”评比活动，旨在培养学前儿童良好的生活能力与卫生习惯。教师会结合入园、盥洗、进餐、如厕和午睡等环节对学前儿童的表现进行评估。例如，入园时是否主动问好并整理物品；盥洗环节是否能正确洗手；

进餐时是否能使用勺子或筷子并保持桌面干净；如厕后是否能自己擦干净并冲水；午睡环节是否能自己整理床铺。为了激励学前儿童，教师设计了有趣的活动和比赛，如举办“筷子小能手”活动，培养学前儿童使用筷子的习惯；设立“小小监督员”，让学前儿童轮流监督如厕行为；在午睡环节通过“叠被子比赛”培养学前儿童的自理能力。活动结束后，教师鼓励学前儿童谈论收获和感受。这些活动显著提高了学前儿童的生活能力，增强了他们的自信心和责任感，为他们的健康成长打下了坚实的基础。

知识卡片

关键词	笔记栏
• 生活常规教育 • 自理能力教育 • 卫生习惯教育	**任务一　理解和掌握学前儿童生活常规教育的目标、内容与方法** 1. 目标 - 培养良好的生活习惯、提升自我管理能力、增强社会适应能力 2. 内容 - 入园、盥洗、进餐、喝水、如厕、午睡、教育、户外、活动区、离园 3. 方法 - 随机教育法、榜样激励法、示范讲解法、行为巩固法 **任务二　理解和掌握学前儿童自理能力教育的目标、内容与方法** 1. 目标 - 培养独立生活能力、增强自信心和自尊心、培养责任感和组织能力 2. 内容 - 自主盥洗、如厕后自理、独立进餐、穿脱衣物、整理物品 3. 方法 - 示范指导法、环境教育法、作品感染法、活动竞赛法、角色扮演法 **任务三　理解和掌握学前儿童卫生习惯教育的目标、内容与方法** 1. 目标 - 培养良好的卫生习惯、增强健康意识、提高自我管理能力、培养责任感 2. 内容 - 生活卫生习惯、学习卫生习惯、公共卫生习惯 3. 方法 - 巩固练习法、榜样激励法、集体与个别指导有机结合

总结栏

1. 核心要点

- 三大领域互相支撑：生活常规（基础规范）、自理能力（核心技能）、卫生习惯（重要保障）

2. 实践启示

- 目标递进，从习惯培养到能力提升
- 内容系统，涵盖生活各个方面
- 方法多样，注重实践和示范

3. 记忆助手

- 常规："三能力，十环节，四方法"
- 自理："三心能，五自理，五方法"
- 卫生："四培养，三卫生，三结合"

任务一　理解和掌握学前儿童生活常规教育的目标、内容与方法

任务分析

本任务的内容主要是学前儿童生活常规教育的目标、内容与方法。学习生活常规教育的各个环节，能够帮助教师培养学前儿童的良好生活习惯、提升学前儿童的自我管理能力，并增强学前儿童的社会适应能力。

知识准备

一、学前儿童生活常规教育的目标

（一）培养良好的生活习惯

学前儿童生活常规教育旨在通过入园、盥洗、进餐、喝水、如厕、午睡、教育活动、户外活动、活动区活动和离园等环节的教育，使学前儿童逐步形成有规律的生活习惯。例如，通过入园环节的训练，使学前儿童学会有礼貌地与教师和同伴问好，并能主动整理自己的物品，逐步养成保持物品整洁和有序的习惯；通过盥洗环节的教育，

使学前儿童掌握正确的洗手方法，养成节约用水的习惯和良好的卫生习惯。

（二）提升自我管理能力

学前儿童生活常规教育还致力于提升学前儿童的自我管理能力。通过生活常规教育，学前儿童能够逐渐学会独立完成日常生活中的各项任务。例如，通过进餐环节的教育，让学前儿童学会正确的用餐姿势，明白荤素搭配的重要性，提升他们在日常饮食中的自我管理能力；通过如厕环节的训练，帮助学前儿童学习自理大小便，并能在便后冲水和洗手，从而使他们掌握基本的生活技能，提升自我管理能力。

（三）增强社会适应能力

增强社会适应能力也是学前儿童生活常规教育的一个重要目标。在教育活动和户外活动中，通过遵守游戏规则、友好合作和正确使用活动器械等，学前儿童能够学会与同伴合作和沟通，增强社会适应能力。例如，通过户外活动环节的教育，学前儿童能够学会有序上下楼梯，自觉遵守活动规则，增强安全意识和自我保护能力；通过活动区活动和离园环节的训练，学前儿童能够学会主动选择活动、遵守游戏规则和友好合作，增强社会交往能力和社会适应能力。

二、学前儿童生活常规教育的内容

学前儿童生活常规教育的内容主要包括入园、盥洗、进餐、喝水、如厕、午睡、教育活动、户外活动、活动区活动以及离园等环节的教育，比如对人讲礼貌、自己独立吃饭、有序上下楼梯等。通过这些环节的教育，能够让学前儿童自觉遵守作息时间和活动安排，学会基本的生活技能，促进学前儿童良好生活习惯的养成。以下是学前儿童生活常规教育各个环节的要求，在实际工作中，教师也可以根据学前儿童的年龄特点和发展需要做出适当的调整。

（一）入园环节

（1）对人有礼貌，主动向教师和同伴问好，愉快接受晨检。

（2）在教师的指导下整理好自己的物品。

（3）入园后在活动区安静游戏，并在晨间活动结束后将物品放回原位。

（4）如果当天是值日生，应提前到园，帮助教师整理活动室。

（二）盥洗环节

（1）有秩序盥洗，盥洗时不打闹、不玩耍，保证盥洗池和地面的干净整洁。

（2）手脏时能够用正确的方法洗手。

（3）洗手后及时关闭水龙头，养成节约用水的习惯。

（4）洗手后用毛巾擦拭干净，并将毛巾放回原处。

（5）饭后、加餐后记得漱口。

（三）进餐环节

（1）饭前洗手。

（2）用餐时坐姿端正，左手扶碗，右手拿勺子或筷子。

（3）进餐时细嚼慢咽，荤素搭配。

（4）进餐时不边吃边玩，不大声讲话。

（5）进餐时保持桌面、地面、衣服干净。

（6）用餐后将食物残渣放回盘中，将餐具送回指定位置，清洁自己的桌面。

（7）用餐后擦嘴、漱口。

（四）喝水环节

（1）主动喝水，喝水前自觉洗手。

（2）按需取水，不浪费。

（3）喝水时不打闹，不玩水，不将水洒在地上。

（4）喝完把杯子放回原处。

（5）剧烈运动后稍微休息一下再喝水。

（6）饭前饭后半小时内少喝水。

（五）如厕环节

（1）有需求时主动如厕。

（2）逐渐能自理大小便，能自己脱裤子、擦屁股。

（3）解便入池，不弄脏自己和同伴的衣服。

（4）便后冲水，整理着装，用肥皂洗手。

（5）大小便有异常时主动告诉教师。

（六）午睡环节

（1）入睡安静，自己脱衣袜、鞋子，并将其摆放到指定位置。

（2）主动配合教师做午检。

（3）睡姿正确，有大小便需求时主动如厕。

（4）起床后，自己正确穿衣袜、鞋子，先穿衣服、后穿鞋子。

（5）起床后自觉整理好床铺。

（七）教育活动环节

（1）活动中坐姿端正，认真聆听别人讲话，不随便插话，积极思考并大胆表述自己的想法。

（2）正确操作学习用具和材料，操作完后放回指定地点并摆放整齐。

（3）写字画画时姿势正确，上身与桌子保持适当的距离，双脚自然平放，上身不歪斜，眼睛和书本之间距离适当，握笔姿势正确。

（4）搬椅子时一手握椅背，一手托椅身，轻拿轻放，尽量不发出声音。

（5）活动中不嬉戏打闹，不随便跑离座位。

（八）户外活动环节

（1）活动前整理好自己的着装，检查并系好鞋带。

（2）懂得有序上下楼梯，不推不挤。

（3）做操时，听到音乐迅速排队，认真做操，眼睛看教师示范，动作到位。

（4）进行器械活动时，正确使用活动器械，不争不抢，按活动规则安全活动。

（5）活动中有自我保护意识，身体不适时主动告诉教师。

（6）活动时能感知冷热，及时增减衣服。

（7）活动后认真做放松运动，及时洗手并擦干，整理衣装，稍事休息后适量饮水。

（九）活动区活动环节

（1）主动选择自己喜欢的玩具或活动。

（2）遵守游戏规则，爱惜玩具材料。

（3）活动时与同伴友好合作，不争不抢。

（4）活动后将玩具材料分类摆放整齐，放回原处。

（十）离园环节

（1）离园时，整理好自己的仪表、物品，把椅子放在指定的位置。

（2）离园时主动与教师、同伴说“再见”，与家长一起离开幼儿园。

（3）家长与教师交谈时，不随便插话，认真等待，安静玩耍。

三、学前儿童生活常规教育的方法

（一）随机教育法

随机教育法即利用偶发事件进行即时、灵活的教育。所谓随机教育，就是在教育教学计划之外组织的临时性教育，它要求对不在规定的教育计划内发生的偶发性事件进行灵活处理、妥善处置。幼儿园一日活动并非全部为教育教学计划内的活动，教师要善于在日常生活中抓住时机，注重随机教育。例如，在如厕环节，教师可利用机会，教育学前儿童主动排队、有序如厕，如厕后记得冲水洗手。

（二）榜样激励法

美国心理学家班杜拉在其教育理念中强调儿童的观察学习，即儿童的身心发育不成熟，许多思想观念都是有意地观察模仿成人所得。因此，在实际生活中，应注重对学前儿童进行榜样激励，一般可先选择适宜的学习榜样，激发学前儿童对榜样的敬慕之情，然后要求学前儿童学习榜样的良好行为习惯。在这个过程中，不仅可以以同伴为榜样来激励学前儿童，教师和家长也要以身作则，发挥榜样作用。

（三）示范讲解法

示范讲解法是指教师具体而形象地向学前儿童讲解日常行为知识，并辅以动作示范，帮助学前儿童尽快掌握有关知识和技能。该方法对小班儿童来说尤为重要，他们初入幼儿园，许多行为习惯还没有养成，生活技能还不太熟练，需要教师亲自示范，帮助他们习得基本生活知识和技能。如穿脱衣袜的步骤和技巧，教师要边示范动作，边讲解要领。

（四）行为巩固法

习惯是后天获得的条件反射，这种反射是在有规律地重复出现的刺激下逐步形成的，好习惯需长期积累、反复强化。因此，在生活中要为学前儿童创造条件和机会，让学前儿童主动去练习所习得的技能，如穿脱衣袜、洗手、洗脸等。学前儿童通过反复练习这些动作，能够更好地掌握动作要领，巩固行为习惯。

课堂讨论

1. 为什么生活常规教育对学前儿童的健康成长至关重要？

2. 在生活常规教育中，教师和家长应如何合作，确保学前儿童养成良好的生活习惯？

实例分析

某幼儿园小班的李老师开展了一次盥洗环节的生活常规教育。她先将学前儿童带到盥洗区，解释洗手的重要性，告诉他们洗手可以去除细菌，防止生病。接着，李老师示范了正确的洗手步骤：打开水龙头淋湿双手，取肥皂仔细搓手，确保手心、手背、指缝和指甲都清洁干净，然后冲洗；冲洗后，用毛巾擦干双手，并将毛巾放回指定位置。随后，李老师邀请小明上前示范。小明在李老师的鼓励下，成功完成了洗手过程。李老师和其他学前儿童都为他鼓掌，给予肯定。然后，李老师组织全班小朋友排队，依次进行洗手练习。她细心观察每个学前儿童的洗手过程，并在必要时进行指导。例如，当一个小女孩忘记搓手指缝时，李老师轻声提醒她注意细节。为了巩固学前儿童的习惯，李老师每天在用餐前后和户外活动后，都会提醒并监督学前儿童洗手。同时，她还通过讲故事和唱儿歌的方式，让学前儿童更加乐于接受和记住这些卫生习惯。通过这次盥洗环节的生活常规教育，李老师不仅教会了学前儿童正确的洗手方法，还帮助他们养成了良好的卫生习惯，增强了自我管理能力和健康意识。

讨论问题：在盥洗环节，李老师通过哪些方法帮助学前儿童掌握了正确的洗手方法？

• 任务测评 •

单选题

1. 以下哪项不属于学前儿童生活常规教育的目标？(　　)

A. 培养良好的生活习惯　　B. 提升自我管理能力

C. 增强社会适应能力　　D. 提高学习成绩

2. 关于盥洗环节的教育内容，以下哪项描述是正确的？（　　）

A. 洗手时可以打闹和玩耍，以增加乐趣

B. 洗手后可以随意放置毛巾

C. 洗手后及时关闭水龙头，养成节约用水的习惯

D. 饭前饭后不需要洗手

3. 在生活常规教育中，以下哪种方法强调通过临时事件进行即时教育？（　　）

A. 示范讲解法　　B. 行为巩固法

C. 随机教育法　　D. 榜样激励法

任务小结

在本任务中，学生明确了学前儿童生活常规教育的目标，了解并掌握了学前儿童生活常规教育的具体内容，包括入园、盥洗、进餐、如厕、午睡等各个环节的要求和规范，也学习了如何灵活运用随机教育法、榜样激励法、示范讲解法和行为巩固法等教育方法。通过明确教育目标、选择适宜的教育内容并采取适当的方法，可以更好地帮助学前儿童掌握生活常规知识和技能，提高生活能力。

任务二　理解和掌握学前儿童自理能力教育的目标、内容与方法

任务分析

本任务旨在探讨学前儿童自理能力教育的目标、内容与方法。通过自主盥洗、如厕后自理、独立进餐、穿脱衣物和整理物品等方面的教学，培养学前儿童的独立生活能力，增强其自信心和自尊心，培养其责任感和组织能力。本任务提供了示范指导法、环境教育法、作品感染法、活动竞赛法和角色扮演法等多种教育方法，帮助学生理解和掌握有效的教学策略。

知识准备

一、学前儿童自理能力教育的目标

（一）培养独立生活能力

学前儿童自理能力教育的首要目标是培养学前儿童的独立生活能力。通过自理能力教育，学前儿童能够逐渐独立完成日常生活中的各项任务，如自己穿脱衣物、整理玩具、独立用餐等。例如，教师可以安排学前儿童在游戏结束后自己收拾玩具。通过具体的任务，可以让学前儿童逐渐学会并习惯独立完成这些日常活动。

（二）增强自信心和自尊心

学前儿童自理能力教育还应以增强学前儿童的自信心和自尊心为目标。通过不断进行自我挑战和完成日常生活中的各项任务，让学前儿童感受到成功的喜悦和成就感，从而建立起对自己能力的信心。例如，教师可以鼓励学前儿童自己动手制作简单的手工艺品，完成后展示给大家，并给予他们积极的肯定和鼓励，使他们在自我认同中获得满足感。

（三）培养责任感和组织能力

培养责任感和组织能力也是学前儿童自理能力教育的一大目标。例如，在幼儿园里，每天设立小组值日生，负责分发餐具、整理教室等任务。通过这些活动，让学前儿童学会如何组织和安排自己的任务，并对自己的行为负责，从而逐渐培养起他们对集体和个人事务的责任感。

二、学前儿童自理能力教育的内容

学前儿童自理能力教育的内容主要涵盖盥洗、如厕、进餐、穿脱衣物、整理个人物品等方面，以下是各个环节的具体教育内容。

（一）自主盥洗

1. 洗手

教给学前儿童正确的洗手方法：先整理衣服、卷起袖子，打开水龙头淋湿双手，再打肥皂搓洗，然后用水冲洗，最后用干净毛巾擦干双手。为了使学前儿童更好、更快地学会洗手，教师可以借助游戏的形式带领学前儿童学习打肥皂洗手，让学前儿童边玩边学。

2. 洗脸

教学前儿童用正确的方法洗脸。在这个过程中教师可采用示范讲解法，一边示范，一边讲解，让学前儿童了解洗脸的正确步骤。同时，教师应当着重提醒学前儿童一些洗脸时经常遗忘的区域，如眼角、鼻子、嘴巴等部位。

3. 漱口

教师可以运用有趣的儿歌、图片或视频，引导学前儿童掌握正确的漱口方法，帮助他们养成饭后漱口的好习惯。漱口的步骤包括：先用清水漱口，清洁口腔内的食物残渣，再喝一口漱口水含漱一分钟左右吐掉，最后用清水漱口。在这个过程中，教师要提醒学前儿童口中不要含太多水，以防不小心吞掉或呛着。

（二）如厕后自理

如厕后自理对一些学前儿童来说比较困难，尤其是小班儿童，刚开始时教师应鼓励他们自己清理，对于实在有困难的学前儿童，教师要给予指导或帮助。如厕后自理的教育内容主要包括：大便后自己擦屁股、提裤子、冲厕、洗手；知道及时如厕，不憋大小便；能在规定便池内大小便，不尿在外边；养成定时大便的习惯。

（三）独立进餐

1. 使用勺子

勺子是学前儿童最常用的进餐工具之一，教师要教给学前儿童用勺子吃饭的正确方法。在用勺子时，不要强迫学前儿童必须用右手拿勺子，在学前儿童掌握了一定的拿勺技巧之后，教师要进一步规范其拿勺姿势。教师可加以示范讲解，也可以通过游戏让学前儿童练习使用勺子。

2. 使用筷子

筷子的使用方法比勺子更难一些，所以教师或家长在教授方法时要多一些耐心和时间。要先教会学前儿童辨认筷子头尾，再教授拿筷子的方法和夹取食物的技巧。教师需一边展示，一边讲解步骤和技巧。

（四）穿脱衣物

1. 穿脱上衣

此处主要介绍穿脱套头式上衣的方法：

穿套头式上衣时，将衣物平放在床上，首先把头伸进衣领，把衣领套在脖子上；然后伸进双臂，找到衣袖的位置，把双手从衣袖处伸入，使手臂完全穿过衣袖，并将下摆整理好。

脱套头式上衣时，双手找到衣服的下摆，用手抓住衣服的下摆，向上推动，将衣服从头部脱下；然后将双臂从衣袖中抽出。

2. 穿脱裤子

穿裤子时，首先要分清裤子的前后，双手提起裤腰；之后先穿进一条腿，再穿进另一条腿，然后同时提拉裤子。

脱裤子时，要用双手紧握住裤子的两侧，然后向下拉扯，用手将裤子从脚踝处脱掉。

3. 穿脱鞋子

穿鞋子时，首先分清左右鞋，将其摆放好，然后将脚伸进鞋子里面，稍用力往前挤，再用手提起鞋跟即可。

脱鞋子时，有鞋带的需先松开鞋带，然后用手握住或摁住鞋跟，脚用力向上抽出即可。

（五）整理物品

1. 整理餐桌餐具

在学前儿童进餐前后，教师或家长应当鼓励学前儿童主动整理餐桌餐具。如进餐前，清洁餐桌，分发餐具；进餐时，注意不污染桌面，将食物残渣或骨头放在骨碟里或指定的区域内；进餐后，将餐具和食物残渣放在指定位置后，清洁自己用餐时的桌面和地面，保持干净整洁。

2. 整理活动区

引导学前儿童在结束活动区游戏后将玩具材料等放回原处，摆放整齐，分类排序。同时，教师也可抓住这个机会开展相关教育活动，比如点数、一一对应、认识颜色、认识图形等。

3. 整理衣物被子

午睡结束后，学前儿童应主动整理自己的衣物和被子，将其叠放整齐。小班儿童可在教师辅助下进行，中、大班儿童应自己整理，如需帮助可在教师指导下进行。在此过程中教师应耐心、细心，不可操之过急。

三、学前儿童自理能力教育的方法

（一）示范指导法

示范指导法是指教师通过具体形象的示范和讲解，帮助学前儿童掌握自理技能。例如，教师在教学前儿童正确的洗手方法时，可以先自己做示范，详细讲解每个步骤，并解释其中的关键点和注意事项；随后再逐一指导学前儿童进行实际操作，确保每个学前儿童都能掌握正确的方法。

（二）环境教育法

环境教育法是指借助幼儿园内的环境条件对学前儿童进行自理能力教育的方法。例如，幼儿园平时在盥洗区张贴的七步洗手法展示图、上下楼梯的提示语或标记等，都是环境教育法的实践形式，教师可利用这些标记、图片、符号等将抽象的语言或规则直观化、形象化，让学前儿童在潜移默化中习得相应的知识和技能，促进其良好生活习惯的养成。

（三）作品感染法

作品感染法是指利用学前儿童喜爱的文学艺术作品（主要是故事、儿歌等），潜移默化地影响学前儿童，传授各种生活自理技能或技巧，使之养成正确的行为习惯的方法。例如，教师可以利用儿歌《穿衣歌》《如厕歌》及故事《我会叠被子》等学前儿童喜闻乐见的形式开展活动，吸引学前儿童参与活动，学习生活小技巧。

（四）活动竞赛法

活动竞赛法是指通过开展竞赛类的活动，让学前儿童学习或练习生活自理技能或技巧。例如，幼儿园可开展自理能力大比拼，内容包括叠被子、穿衣服、用筷子夹豆子等，让学前儿童通过比赛，巩固所习得的生活技巧。比赛也可以邀请家长参加，进行亲子比赛、家庭小组比赛，丰富比赛形式，拉近亲子间的距离，形成教育合力。

（五）角色扮演法

角色扮演法是指通过让学前儿童扮演不同角色，模拟生活场景，培养他们的自理能力。例如，教师可以设置一个“迷你家庭”场景，让学前儿童扮演父母、孩子等角色，进行日常生活情景的模拟。通过角色扮演，学前儿童可以更好地理解和掌握生活技能，如整理床铺、洗碗等。

课堂讨论

1. 为什么自理能力教育对学前儿童的发展至关重要？

2. 在实际教学中，教师应如何灵活运用不同的教育方法来提高学前儿童的自理能力？

实例分析

为了提高小班儿童的自理能力，某幼儿园组织了一次叠被子比赛。比赛开始前，教师向学前儿童示范了正确的叠被子方法，学前儿童认真观看并尝试模仿。比赛分为多个小组，每组有5名学前儿童。教师发出“开始”指令后，学前儿童迅速按照刚学的方法叠被子。小明平时在家经常帮妈妈叠被子，他熟练地完成了任务。旁边的小红有些紧张，一开始没对齐被子边缘，在教师的鼓励下，她重新开始，成功叠好了被子。通过这次比赛，学前儿童不仅掌握了叠被子的技能，还培养了面对困难不放弃的精神。家长们也被邀请参加颁奖仪式，共同见证学前儿童的成长和进步。教师鼓励家长们在家继续支持学前儿童练习自理技能。

讨论问题：如何在日常教学中设计类似的自理能力竞赛活动，以促进学前儿童自理能力的发展，同时保持他们的学习兴趣？

• 任务测评 •

一、单选题

1. 学前儿童自理能力教育的首要目标是什么？（　　）

A. 提高学前儿童的社交能力

B. 培养独立生活能力

C. 增强学前儿童的体能

D. 发展学前儿童的语言能力

2. 使用示范指导法时，教师的主要任务是什么？（　　）

A. 监督学前儿童的活动

B. 提供具体形象的示范和讲解

C. 安排比赛活动

D. 分发学习材料

二、实务题

请以叠被子为主题，设计并组织一次针对小班儿童的自理能力比赛。请详细描述活动的步骤、规则和奖励方式，并在活动过程中记录每个学前儿童的表现，提供反馈和改进建议。

任务小结

在本任务中，学生明确了学前儿童自理能力教育的目标，了解了学前儿童自理能力教育的具体内容和教育方法。通过理论学习和实际案例分析，学生掌握了示范指导法、环境教育法、作品感染法、活动竞赛法和角色扮演法在教学中的应用，为今后的教学实践奠定了坚实的基础。

任务三　理解和掌握学前儿童卫生习惯教育的目标、内容与方法

任务分析

本任务主要探讨学前儿童卫生习惯教育的目标、内容与方法。通过系统的理论学习、案例分析和实务练习，学生能够深入理解如何帮助学前儿童培养良好的卫生习惯，增强健康意识，提高自我管理能力和培养责任感。

知识准备

一、学前儿童卫生习惯教育的目标

（一）培养良好的卫生习惯

学前儿童卫生习惯教育的首要目标是培养学前儿童良好的卫生习惯。通过系统的卫生习惯教育，使学前儿童能够逐渐学会并内化一些基本的卫生行为，如勤洗手、保持个人清洁和不乱丢垃圾等。例如，教师可以在日常生活中反复强调洗手的重要性，并通过趣味游戏和儿歌让学前儿童记住正确的洗手步骤。教师还可以设计一系列相关的教育活动，如“洗手歌比赛”或“清洁小卫士评选”，使学前儿童在轻松愉快的氛围中掌握卫生知识和技能。

（二）增强健康意识

卫生习惯教育还应以增强学前儿童的健康意识为目标。通过卫生习惯教育，使学前儿童了解保持卫生与健康的重要性，知道如何预防常见疾病。例如，教师可以在课堂上讲解细菌和病毒的传播途径，并教给学前儿童一些简单的防护措施，如咳嗽和打喷嚏时捂住口鼻、避免与病人密切接触等。教师还可以通过生动形象的故事和动画片，使学前儿童更直观地理解抽象的卫生知识，并在日常生活中自觉遵守。

（三）提高自我管理能力

卫生习惯教育还应致力于提高学前儿童的自我管理能力。通过卫生习惯教育，使学前儿童逐渐学会监督和管理自己的卫生行为，如按时刷牙、定期洗澡、勤换衣物等。这不仅有助于他们养成良好的卫生习惯，还能提高他们的独立生活能力和自我管理能力。例如，教师可以设置“卫生自评表”，让学前儿童每天记录自己的卫生习惯表现，通过自我评估和家长的监督，帮助他们不断改进和完善自己的卫生行为。

（四）培养责任感

培养责任感也是学前儿童卫生习惯教育的一个重要目标。通过卫生习惯教育，使学前儿童逐渐培养起对自己和他人健康负责的意识。通过卫生习惯教育，教师不仅仅要教会他们如何保持个人卫生，还要让他们理解自己的行为对集体环境的影响。例如，教师可以通过“卫生小队”活动，让学前儿童轮流负责教室和活动区的清洁工作，使他们在实践中体验和理解责任感的重要性，从而自觉维护公共卫生。

二、学前儿童卫生习惯教育的内容

（一）生活卫生习惯

生活卫生习惯的教育重点在于培养学前儿童注重个人卫生的意识和行为。具体包括：早晚刷牙，饭后漱口，保持口腔清洁；饭前便后要洗手，外出归来要洗手，教师可以通过游戏和儿歌帮助学前儿童记住洗手的方法和步骤；勤剪指甲、勤洗头、勤换衣服和被褥，每晚洗脚，勤洗袜，教师可以通过示范和监督，帮助学前儿童养成这些习惯；生吃瓜果要洗净，烹饪食材要煮透，防止病从口入，教师可以通过讲故事和实际操作，让学前儿童理解这些要求的重要性；打喷嚏和咳嗽时要捂住口鼻，防止病菌传播，保护自己和他人的健康。

（二）学习卫生习惯

学习卫生习惯的教育关键在于培养学前儿童在学习和教育活动中的良好习惯。具体包括：在活动时保持注意力集中，不跑神，教师可以通过有趣的互动和奖励机制，鼓励学前儿童认真参与；学习时坐姿端正，站姿挺拔，行姿稳健，教师应定期提醒学前儿童并为其示范正确的姿势；看书时眼睛和书本保持适当距离，注意用眼卫生，避免眼疲劳，教师可以通过讲解和实际操作教导学前儿童正确的阅读姿势；保持图书、玩具、材料的整洁，活动结束后整理好文具、书籍和玩具，养成良好的收纳习惯，教师可以设置“整理小助手”，引导学前儿童共同维护环境整洁；唱歌时注意用嗓卫生，不要大声喊叫，保护声带。

（三）公共卫生习惯

公共卫生习惯的培养旨在让学前儿童懂得在公共场所维护卫生的重要性。具体包括：垃圾要丢入垃圾桶，保持环境整洁；培养文明行为，不随地吐痰，防止病菌传播；不随地涂鸦，不毁坏公物，爱护公共设施；正确使用公共厕所，不随地大小便，便后及时冲水，保持厕所卫生；看到垃圾随手捡，养成维护公共卫生的好习惯。通过这些内容的系统教育，学前儿童不仅能掌握基本的卫生知识和技能，还能在实际生活中养成良好的卫生习惯，增强健康意识和自我管理能力，逐步成长为对自己和他人负责的个体。

三、学前儿童卫生习惯教育的方法

（一）巩固练习法

良好卫生习惯的养成需要长期积累和反复强化，比如勤洗手、勤剪指甲。培养学前儿童的良好卫生习惯离不开一遍遍的巩固练习，使其在不断的训练培养中形成良好的习惯。练习是进行卫生习惯教育的基本形式，在练习过程中，学前儿童容易获得满足感和自信心，从而更加主动地接受教育。通过练习，学前儿童能够亲身体验学到的技能、技巧，加深印象，并逐渐融入日常的学习生活中，从而养成良好的卫生习惯。

（二）榜样激励法

儿童的学习带有一定的模仿性和受暗示性，极易被周围的环境影响。所以培养学前儿童的卫生习惯，需要树立好的榜样。因此，教师和家长在日常生活中要时刻提醒自己以身作则，注重言传身教，成为学前儿童学习的榜样。除此之外，也可以使用替代强化，即观察者的行为因观察者看到榜样的行为被强化而受到强化。比如，小明看到教师对一位儿童的文明进餐行为进行表扬，这促使小明学习这位儿童的做法以期受到教师的表扬。在幼儿园一日生活中，教师可设置“小小监督员”一岗，挑选卫生习惯良好的学前儿童担任，这样不仅能激励其他学前儿童，而且在这位监督员的监督下，其他人也能纠正不良卫生习惯，并养成良好的卫生习惯。

（三）集体与个别指导有机结合

学前儿童的卫生习惯教育一般是以集体活动的形式开展，这样不仅能节约时间、提高效率，教学效果也比个别指导要好。但是，由于一些学前儿童存在特殊的健康问题，如若针对这些特殊问题进行集体教学，不免有些浪费时间，因此个别指导也是非常必要的。教师要做到有的放矢，在教育全部学前儿童的同时，也要关照到具有问题行为的个别学前儿童，纠正其不良卫生习惯。

课堂讨论

1. 为什么卫生习惯教育对学前儿童的健康成长至关重要?

2. 在日常教学中，教师应如何有效地利用游戏和活动来培养学前儿童良好的卫生习惯?

实例分析

某幼儿园教师通过“小小环保卫士”课程，引导大班儿童亲身体验和学习如何维护我们的家园。首先，通过观看环保动画和视频，学前儿童对环境问题有了初步的认识。接着，教师详细讲解了公共环境的重要性和垃圾分类知识，并让学前儿童参与互动游戏，学习如何将不同类型的垃圾正确分类。在实地考察环节，学前儿童在成人的陪同下，走访附近的公园，观察并讨论公共环境的现状。随后，教师给每个学前儿童发放了垃圾夹和回收袋，让他们参与捡拾垃圾活动，将所学知识付诸实践。活动结束后，学前儿童不仅对垃圾分类有了深刻理解，还学会了对垃圾进行简单的处理。他们写下了环保承诺书，并在班级讨论中分享感受和收获。教师还鼓励家长参与学前儿童的环保教育，让环保意识在家庭中延续。

讨论问题：在“小小环保卫士”课程中，哪些教学方法有效地帮助大班儿童理解和实践了垃圾分类知识?在实际教学中，教师应如何鼓励和引导家长参与到学前儿童的环保教育中，使环保意识在家庭中延续?

任务测评

一、单选题

1. 学前儿童卫生习惯教育的首要目标是什么?(　　)

A. 增强社会适应能力　　B. 提高自我管理能力

C. 培养良好的卫生习惯　　D. 提高语言表达能力

2. 以下哪项不属于生活卫生习惯教育的内容?(　　)

A. 饭前便后要洗手　　B. 看书时注意用眼卫生

C. 垃圾要丢入垃圾桶　　D. 按时刷牙

二、实务题

在实际教学中，教师应如何利用榜样激励法来增强学前儿童的健康意识？请列出具体操作步骤和预期效果。

任务小结

在本任务中，学生系统地掌握了学前儿童卫生习惯教育的目标和内容，了解了生活卫生习惯、学习卫生习惯和公共卫生习惯教育的具体要求，并熟悉了多种卫生习惯教育方法的应用。学生通过理论学习与案例分析，提高了学前儿童卫生习惯教育的实践能力。

思政园地

思政元素	具体内容
增强责任感和公共意识	通过教育学前儿童遵守日常生活中的各项规章制度，学生能够深刻认识到维护秩序和尊重他人的重要性。学生在实际教学中应以身作则，树立榜样，引导学前儿童养成良好的习惯，从而增强责任感和公共意识。
培养自律意识和独立自主精神	通过教授学前儿童基本的生活自理技能和卫生习惯，学生能够理解并体会到自律和自我管理的重要性。在教育过程中，学生不仅能帮助学前儿童掌握这些技能，还能通过自身的自律行为影响学前儿童，从而培养独立自主的教育者。
树立职业道德和教育理念	在教学实践中，学生通过示范和发挥榜样作用，树立正确的价值观，养成良好的行为规范。学生通过学习正面的引导和教育技巧，形成良好的职业道德和教育理念，为将来成为优秀的儿童教育工作者奠定坚实的基础。

项目六

学前儿童安全教育

学习目标

知识目标：

1. 了解学前儿童安全问题的特征和发生原因。

2. 熟悉学前儿童安全教育的目标和内容。

3. 掌握学前儿童安全教育的途径和注意事项。

能力目标：

1. 能够评估和识别学前儿童面临的安全风险。

2. 能够熟练设计和实施有效的学前儿童安全教育活动。

3. 具备应对突发安全事件的能力。

素养目标：

1. 增强安全意识，明确保护学前儿童安全的重要性和责任。

2. 树立正确的安全防范观念，提升防患于未然的能力。

3. 学习安全教育相关法律法规，增强法治观念和法治意识。

案例导入

5岁的奇奇性格非常活泼，对身边的一切都充满了好奇。一天，奇奇和他的幼儿园同学参加了一次“安全探险日”活动。在教师的引导下，学前儿童学习了各种安全知识，包括如何安全地过马路、如何正确使用生活中的各种工具、如何识别和避免危险物品等。活动中，奇奇学会了在过马路前要先看红绿灯，还要左右看，确保没有车辆时才能过马路。通过实际操作，他还学会了如何正确地使用剪刀、不随便触摸尖锐或热的物品。此外，教师还通过角色扮演游戏让学前儿童模拟遇到陌生人时的正确反应。通过这次“安全探险日”活动，奇奇不仅学到了很多实用的安全知识，还在游戏中体验到了安全行为的重要性。回到家后，他兴奋地和父母分享了当天的经历，并告诉他们他学会了如何保护自己。

知识卡片

关键词	笔记栏
• 安全问题 - 五特征 - 四原因 • 安全教育 - 目标体系 - 七大内容 • 实施策略 - 三大途径 - 四项注意	**任务一　了解学前儿童安全问题的特征和发生原因** 1. 特征 - 潜伏期、突发性、伤害性、延续性、可预防性 2. 原因 - 学前儿童：认知缺乏 - 家长：意识不足 - 幼儿园：教育单一 - 环境：不安全因素和设施风险 **任务二　掌握学前儿童安全教育的目标和内容** 1. 目标 - 总目标：培养全面安全意识与能力 - 年龄阶段目标：各年龄段针对性要求 2. 内容 - 交通、食品卫生、消防、防触电溺水、玩具、生活、防拐骗 **任务三　实施学前儿童安全教育的途径和注意事项** 1. 途径 - 日常生活、渗透活动、体验实践 2. 注意事项 - 创造安全的教育环境 - 适配学前儿童生理和心理特点 - 强化危险识别能力 - 家园合作形成教育合力

总结栏

1. 核心要点

- 预防先行：从认识到应对的递进教育
- 系统设计：七大内容覆盖全面
- 方法多样：结合日常、活动和体验
- 多方协作：幼儿园、家庭、社会合力

2. 实践启示

- 从生活出发，以体验为核心，融教育于游戏，内化为学前儿童的自觉行为，同时家园社协同构建

3. 记忆助手

- 问题特点："潜突伤延防"（五特征）
- 产生原因："童长园境"（四因素）
- 教育内容："交食消电玩生拐"（七内容）
- 实施途径："日渗体"（三途径）
- 注意事项："环特知合"（四注意）

任务一　了解学前儿童安全问题的特征和发生原因

任务分析

本任务的内容是了解学前儿童安全问题的特征和影响因素。结合案例讨论，分析在日常活动中如何识别学前儿童面临的安全风险，并思考如何预防和处理这些问题。

知识准备

一、学前儿童安全问题的特征

（一）具有一定的潜伏期

在幼儿园环境中，事故发生前可能会有预兆，这些预兆如果被及时注意到，我们是可以采取预防措施的。然而，在日常繁忙的工作中，一些不那么明显的预兆很容易被忽视。比如幼儿园某些游乐设施可能因长期使用，螺丝有些松动，这种看似微小的问题在初期不易被察觉。但随着时间的推移，这些松动的螺丝可能最终导致设施结构

不稳固，甚至在学前儿童玩耍时发生坍塌，造成安全事故。这说明学前儿童安全问题具有一定的潜伏期。这类安全隐患的及时发现和预防，是确保幼儿园环境安全的关键。因此，对幼儿园中的各种设施进行定期检查和维护，以及对教职员工进行识别和处理潜在安全风险的培训，是预防安全问题的有效手段。

（二）具有一定的突发性

由于学前儿童安全问题发生的预兆往往并不明显，因此这些安全问题会表现出一定的突发性，让教师、家长措手不及。比如在一个平静的下午，一名学前儿童在户外活动时突然从滑梯上摔下来；或者，在一个看似平常的日子，一名学前儿童不慎在湿滑的地面上跌倒而受伤。这种突发性要求幼儿园时刻保持警觉，对可能发生安全问题的风险区域进行标识，并教育学前儿童注意安全。

（三）具有很大的伤害性

安全问题对学前儿童的伤害往往是很严重的，不仅会影响他们的身体健康，还可能对他们的心理造成长久的不良影响。这些伤害不一定都是即时和有形的，有时我们需要对学前儿童进行及时的干预和治疗来避免长期的身心创伤。例如，一名学前儿童在幼儿园与其他学前儿童发生肢体冲突后感到极度害怕和不安。这种事件不仅会对他的身体造成伤害，还可能对他的心理健康产生长期的不良影响，导致焦虑或恐惧。

（四）具有一定的延续性

延续性体现在两个方面。一是指安全问题本身的延续性，即虽然安全问题一般表现为突发事件，但其形成过程往往是动态的。二是指一旦安全事故发生，对学前儿童的影响和后续处理是一个长期的过程，需要家长及幼儿园管理者和教师对学前儿童进行一系列的帮助，包括身体康复和心理辅导等。比如一名学前儿童在幼儿园不慎摔倒，造成腿部骨折。这种伤害的影响是持续的，不仅需要立即进行医疗处理，还可能需要长期的康复训练和心理支持。

（五）具有可预防性

对于学前儿童安全问题，往往可以通过采取积极的预防措施来避免。这就要求幼儿园管理者和教师增强安全意识，及时识别和应对潜在的安全风险，为学前儿童创造更安全的环境。幼儿园可以通过定期的安全培训和演练，有效地预防和减少安全问题的发生。例如，对火灾逃生的定期演练不仅能提高学前儿童的自救能力，也能提升教师的应急处理能力。

二、学前儿童安全问题的发生原因

学前儿童安全问题的发生原因主要包括以下几个方面。

（一）学前儿童自身因素

学前儿童自身因素是发生学前儿童安全问题的重要原因之一。学前期的儿童正处于身心快速发展阶段，他们通常活泼好动、好奇心强，但同时也缺乏必要的生活经验和自我保护能力。例如，他们可能由于好奇而接触危险物品，或在玩耍时由于注意力不集中而发生意外。此外，他们对自身行为的后果预见能力有限，这意味着他们可能无法准确判断突发事件的危险性，因而在面对危险情况时无法采取有效的自我保护措施。为应对这些自身因素引发的安全问题，幼儿园和家长应共同努力。首先，幼儿园需要提供一个安全的环境，减少可能导致学前儿童受伤的危险因素。其次，通过各种教育活动，如安全教育游戏、角色扮演等，提高学前儿童的安全意识和自我保护能力。此外，家长也应加强对孩子的日常监管，教育他们识别潜在的危险，并引导他们学会在成人的帮助下正确应对各种情况。

（二）家长安全意识缺乏，安全措施落实不到位

学前儿童安全问题的发生有时可以归咎于家长和其他成年监护人对安全问题的忽视和安全措施的不充分执行。现在家长往往过分关注孩子的知识积累，而忽略了他们的基本生存需求，对孩子自我保护能力的培养不够重视。同时，有些家长虽然认识到了外界潜在的风险，但却过度保护孩子，采取全面控制的方式，这实际上剥夺了孩子通过实际经历锻炼自我保护能力的机会。这种做法虽然出发点是保护孩子，但可能无意中阻碍了孩子自我保护意识和能力的发展。

（三）幼儿园安全教育内容和开展形式单一

虽然安全教育和自我保护教育已经引起了幼儿园教师的重视，并被纳入了健康教育之中，但多数幼儿园仍然缺乏专门的安全教育和自我保护教育课程。幼儿园的安全教育内容通常局限于基本的安全知识，如运动和生活安全，缺乏系统性和针对性。此

外，幼儿园安全教育的实施方式也过于单一，主要采用传统的说教和游戏的形式，未能充分激发学前儿童的主动学习和参与意识。因此，幼儿园安全教育亟须改革和扩展，将安全教育与学前儿童的日常生活紧密结合，采用更为多元化和创新的教育工具与方法。比如，幼儿园可以运用角色扮演、多媒体资源以及邀请专业人员进行现场教学等方式，以提高教育的趣味性和实用性。通过这些丰富多样的教育手段，不仅能够更好地吸引学前儿童的注意力，也能有效提升他们的安全意识和自我保护能力，从而为他们的全面发展和健康成长打下坚实的基础。

（四）社会环境和幼儿园内部设施等因素

在社会环境中，不稳定的治安状况和不安全的环境因素会直接威胁到学前儿童的安全。例如，交通拥堵、治安混乱的区域增加了学前儿童在户外活动时遭遇意外的风险。此外，幼儿园内部设施的老化也是一个不容忽视的问题。例如，老化的建筑物、破损的游乐设施、不稳固的家具或已经过时的安全设备等，都可能导致安全事故；幼儿园的安全出口设置不足或过于狭窄，在紧急情况下可能导致疏散困难；电器设备和电线的老化也可能引起电气火灾或其他安全事故。

针对这些问题，幼儿园和相关部门需要采取积极的措施。首先，应加强对幼儿园周边社会环境的监控，及时处理存在的安全隐患。其次，要对幼儿园内的设施进行定期检查和维护，确保所有设施都符合安全标准。对于老旧、损坏的设施要及时更换或修复，确保学前儿童的安全。此外，应对幼儿园的紧急疏散计划进行定期更新和演练，提高应对紧急情况的能力。通过这些措施，可以大大减少由社会环境和幼儿园内部设施等因素引起的安全问题，为学前儿童创造一个更安全、更健康的学习和成长环境。

课堂讨论

1. 学前儿童安全问题的发生原因主要有哪些？
2. 如何在日常活动中识别和减少导致学前儿童安全问题的风险？

实例分析

在一所幼儿园里，有一个受学前儿童欢迎的室外游乐区。这个游乐区内有各种游乐设施，如滑梯、秋千和沙坑。一天下午，老师带领学前儿童去游乐区玩耍。由于老师要同时照看多名学前儿童，因此她没能及时注意到秋千上的一颗螺丝已经松动。结果，一名学前儿童在秋千上玩耍时，秋千突然断裂，使他从秋千上摔了下来，幸好草地较软起到了一定的保护作用，但他的手臂还是受了轻伤。老师立即对他的伤口进行了急救处理，并通知了他的父母。幼儿园管理层随后对游乐区进行了全面检查，并对所有设施进行了维修和加固。同时，幼儿园还增加了定期检查设施安全的措施，并对教师进行了急救知识和安全监管的培训。

讨论问题：你认为如果提前实施哪些安全措施，可以防止这次事故的发生？如果你是案例场景中的一员，事故发生后你会如何帮助受伤的儿童和其他儿童？老师和幼儿园管理者应该如何加强对游乐设施安全的关注？

• 任务测评 •

一、单选题

1. 学前儿童安全问题的一个主要特征是（　　）。

A. 即时性　　B. 具有一定的潜伏期

C. 频繁发生　　D. 容易预测

2. 学前儿童安全问题的发生原因不包括（　　）。

A. 家长安全意识缺乏　　B. 幼儿园安全管理制度不到位

C. 学前儿童的个人喜好　　D. 社会环境和幼儿园内部设施因素

二、实务题

1. 设计一份幼儿园游乐区安全检查清单，其中至少包括 5 项检查任务。

2. 制订一份处理学前儿童安全问题的应急响应计划，包括事故发生时的初步处理步骤和事后的跟进措施。

• 任务小结 •

在本任务中，学生深入探索了学前儿童安全问题的特征及发生原因，加深了对学前儿童安全问题的认识和理解。此外，通过课堂讨论和实例分析，学生提高了团队协作能力和解决问题的能力，同时培养了安全意识和批判性思维。

任务二　掌握学前儿童安全教育的目标和内容

任务分析

本任务的内容是探讨学前儿童安全教育的目标和内容。通过理解不同年龄阶段学前儿童的安全教育目标，结合具体的知识点，学会如何教育学前儿童识别和避免潜在的安全风险。同时，通过课堂讨论和案例分析，把学前儿童安全教育理论知识运用于实际教育工作中。

知识准备

一、学前儿童安全教育的目标

（一）总目标

学前儿童安全教育的总目标包括：获得有关安全和促进健康的基本知识；树立自我保护和自我防护意识；提高自我保护和自我防护能力，保证身体健全和心情愉悦。

（二）年龄阶段目标

小班：不与陌生人交流或接受陌生人给予的东西；在成人的提醒和监督下注意安全，避免危险行为；在公共场所走失时，能向警察或有关人员提供基本的个人和家庭信息。

中班：理解并遵守公共场合的安全规则，不远离成人视线；认识常见的安全标志，并遵循相关安全规则；在运动和游戏中主动避免潜在的危险。

大班：在家未经家长允许，不给陌生人开门；自觉遵守基本的安全和交通规则；了解基本的防灾知识，并能在紧急情况下保护自己和他人。

二、学前儿童安全教育的内容

（一）交通安全教育

从历年的交通事故数据中可知，全国因交通事故死亡的少年儿童占比是比较高的且有逐年上升的趋势。因此，对学前儿童进行交通安全教育不容忽视。首先，要让他们了解和掌握基本的交通规则，包括：识别和遵守“红灯停、绿灯行”的信号，横过马路时走人行道；靠右行走，并严禁在马路上奔跑、玩耍、停留或踢球；等等。这些交通规则的教育不仅是为了保证学前儿童的安全，也是为了将他们培养成为有责任感的公民。其次，要让学前儿童认识和理解常见的交通标志。例如，红绿灯、人行横道线和禁止行人通行等标志不仅是交通规则的组成部分，也是保护行人安全的重要工具。通过系统的教育，学前儿童能够更好地理解这些标志的意义和作用。

为了提高交通安全教育的趣味性和实效性，教师可以采用各种创新和互动的教学方法。比如，采用儿歌、故事和游戏等形式不仅能吸引学前儿童的注意力，还能帮助他们在轻松愉快的氛围中学习交通规则。此外，邀请交警来园授课或进行模拟交通场景的表演，可以让学前儿童在实际操作中学习和体验交通安全知识。同时，教师也可以利用网络资源进行交通安全教育，如中国道路交通安全网提供了丰富的互动学习材料，使学前儿童能够在多媒体环境中进一步巩固和扩展他们学习的知识。通过这些方法，学前儿童不仅能学到交通安全知识，还能在实践中培养遵守交通规则的良好习惯。

（二）食品卫生安全教育

食品卫生安全教育对于学前儿童来说至关重要，因为学前期是儿童形成自身饮食习惯和生活方式的关键时期。首先，应教导学前儿童关于健康食品和不健康食品的基本知识，包括：各种食物的营养价值、识别新鲜和过期食品的方法，以及均衡饮食的重要性。同时，要引导学前儿童在日常生活中实践良好的饮食卫生习惯，如在进餐前洗手、正确保存食物和避免食用不卫生的食品等。

为了使食品卫生安全教育更加生动和有效，教师可以通过各种互动活动和引导家庭参与来强化学前儿童的学习体验。例如，组织烹饪课程或与食品安全相关的游戏，让学前儿童在实际操作中学习如何安全地处理和准备食物。同时，通过与家长合作，可以在家庭环境中强化这些内容的教育。家长可以与孩子一起参与购买食材、准备健康餐点等活动，共同讨论食品安全和营养知识，从而使孩子树立起食品卫生安全意识。通过这些实践活动，不仅能帮助学前儿童形成健康、安全的饮食习惯，还能加强家庭成员之间的互动和理解。

（三）消防安全教育

在对学前儿童进行消防安全教育时，首先要让他们了解玩火的危险性和火灾的严重后果。可以通过故事、图片或视频等多媒体材料，生动展示火灾对人们的生命和财产造成的损害，从而增强学前儿童对火灾危险性的认识。其次要教会学前儿童基本的自救技能，如遇到火灾时如何迅速逃离现场、拨打火警电话 119、使用防烟口罩或湿毛巾避烟等。同时，进行火灾疏散演练也十分重要，幼儿园应规划安全疏散路线，并定期组织演练，使学前儿童熟悉各个通道，学会在教师的指挥下统一行动，安全疏散。此外，利用多媒体资源进行演示，如展示消防队员灭火的情景、介绍火灾的形成原因、讲解消防车的作用以及灭火器的使用方法和注意事项，可以让学前儿童更直观地理解和记住消防知识。这样能够提升教育的趣味性，也能加深学前儿童对火灾安全知识的理解和记忆，有助于他们在紧急情况下采取正确的自救措施。

（四）防触电、防溺水教育

触电是日常生活中比较常见的意外伤害。学前儿童防触电教育的内容主要包括：不随便玩电器，不拉电线，不用剪刀剪电线，不用小刀刻画电线，不将铁丝等插到电源插座里等；一旦发生触电事故，不能用手去拉触电的人，而应及时切断电源，或者用干燥的竹竿等不导电的东西挑开电线；不随意开启家中电器，特别是电熨斗、电取暖器，不玩弄电线和插座。

有些学前儿童喜欢到水边玩耍，很容易发生溺水。对学前儿童进行防溺水教育，应注意提醒学前儿童不能私自到河边、井边玩耍；不能将脸闷入水中做憋气游戏；不能私自到河里游泳；当同伴失足落水时要呼救，并及时就近找成人来营救。

（五）玩具安全教育

在学前儿童的成长过程中，玩具扮演着至关重要的角色。由于学前儿童有大量时间都有玩具陪伴，因此，对他们进行玩具安全教育是极其重要的。这不仅关乎他们的身体健康，还会影响他们的心理发展。在玩滑梯时，要教育学前儿童不要拥挤；在前一个人滑到底部并离开之前，下一个人不应该滑下来。在玩秋千时，需要告诉学前儿童坐稳并且牢牢握住两侧的秋千绳，同时确保其他学前儿童远离秋千，以防发生碰撞。在玩跷跷板时，要让学前儿童坐稳，并且要双手紧握扶手，以保持平衡和安全。在玩游戏棍这样的中型玩具时，应该明确告诉学前儿童不要用玩具去敲打其他人，尤其是头部，以免造成伤害。在玩小型玩具，如积木、串珠或玻璃球时，应教育学前儿童不要将这些玩具放入嘴巴、耳朵或鼻子，防止误吞或其他形式的伤害。通过这些针对不同类型玩具的安全教育，可以让学前儿童在享受玩具带来的乐趣的同时意识到安全的重要性，学会保护自己，从而在一个安全的环境中健康成长。

（六）生活安全教育

学前儿童的生活安全教育是一项需要家庭和幼儿园协作完成的任务。通过生活安全教育，学前儿童可以学会如何在日常生活中保证自身安全，避免意外伤害。比如，教育学前儿童不要随身携带小刀、剪刀等锐利的器具，以防意外刮伤或割伤自己或他人。同时引导学前儿童认识和理解各种安全标志，特别是那些表示禁止和警告的标志，如“禁止攀登”“禁止触摸”“禁止通行”“禁止烟火”“注意安全”等，让学前儿童知道看到这些标志时应该怎么做。运动和游戏时要注意引导学前儿童保持秩序，避免拥挤和推撞，要告诉学前儿童：在没有成人看护的情况下，不能从高处跳下或从低处向上蹦跳；不在楼梯扶手上滑动，以防摔伤；推门时要推门框而非玻璃，并且手不要放在门缝里；乘车时要安静坐好，不在车内走动，保持手和头部在车内；上下楼梯时靠右走，避免推挤。

（七）防拐骗教育

防拐骗教育是学前儿童安全教育中的一个关键组成部分，旨在帮助学前儿童认识到陌生人的潜在危险，并学会在遇到不安全的情况时如何保护自己。教师需要向学前儿童明确解释什么是陌生人，并强调不与陌生人交谈或不跟随他们的重要性。具体教育内容包括：拒绝陌生人提供的食物和礼物，与陌生人保持适当的安全距离，当陌生人接近时应迅速离开并寻求熟悉成人的帮助。另外，教师还要教给学前儿童在感到不安全或遭遇骚扰时如何大声呼救，并寻求家长、警察、教师的帮助，同时引导他们记住自己和家长的基本信息，以便在紧急情况下提供给有关人员。

为了使防拐骗教育更加高效和生动，教师可以采用角色扮演游戏和模拟练习的方式，让学前儿童学习如何应对不同情境。比如，通过模拟陌生人接近的场景，让学前儿童实践如何反应。同时，可以使用儿童友好型教育工具，如绘本、动画和互动故事，以有趣的方式向学前儿童讲述防拐骗的知识。这些方法不仅能增强学前儿童的自我保护意识，也能使他们在轻松愉快的学习环境中认识和学会避免潜在的拐骗风险。

课堂讨论

1. 讨论不同年龄阶段学前儿童可能遇到的交通安全问题有哪些。
2. 教师应如何将食品卫生安全知识融入课堂教学中，使之既有趣又富有教育意义?

实例分析

小乐是一名4岁的幼儿园学生。一天，他所在的幼儿园安排了一系列特别的活动，让学前儿童通过游戏和任务，学习关于交通安全和食品卫生安全的重要知识。首先，小乐参加了一个模拟过马路的游戏。在游戏中，老师控制着红灯和绿灯，学前儿童需要在绿灯亮起时安全过马路，并在红灯亮起时停下。游戏中，小乐一开始未能及时在红灯亮起时停下，但经过老师的指导和几次练习后，他学会了正确的过马路方式。接下来，小乐又参加了一个关于食品卫生安全的课堂活动。老师展示了不同类型的食物，包括新鲜水果和过期食品，并教导学前儿童如何区分它们。小乐学会了在吃东西前要检查食物是否安全，比如检查是否有坏掉的迹象或不正常的味道。

讨论问题：案例中的交通安全游戏对于小乐学习交通规则的有效性如何？食品卫生安全课堂活动的方法是否适合小乐这个年龄段的儿童？如果不适合，那应该如何改进？在实际教学中，这类互动游戏和实际操作活动对于增强学前儿童安全意识的作用如何？

任务测评

一、单选题

1. 学前儿童在遇到陌生人时应该怎样做？(　　)

A. 接受陌生人给的礼物

B. 跟随陌生人去他们指定的地方

C. 拒绝与陌生人交流并寻找熟悉的成人

D. 自己决定是否跟陌生人走

2. 学前儿童应该怎样选择食物来确保食品安全？（　　）

A. 吃陌生人给的食物

B. 只吃喜欢的食物

C. 避免吃腐烂或有异味的食物

D. 随意选择食物

二、实务题

1. 设计一次适合小班儿童的交通安全教育活动，注重互动性和趣味性。

2. 制订一份消防安全演练计划，包括疏散路线规划和应急措施。

任务小结

在本任务中，学生深入探索和掌握了学前儿童安全教育的目标和内容，了解了教育学前儿童认识各种安全（包括交通安全、食品卫生安全、消防安全等）风险的重要性，并学习了如何帮助学前儿童识别和避免潜在的安全风险。这不仅包括理论知识的学习，也涉及实务操作技能的培养。此外，通过案例分析，学生理解并掌握了如何在实际教学中有效地应用互动游戏和实际操作活动来增强学前儿童的安全意识。

任务三　实施学前儿童安全教育的途径和注意事项

任务分析

本任务的内容是学习实施学前儿童安全教育的途径和注意事项，探讨如何有效地在学前儿童的日常生活和教育活动中融入安全教育，使学前儿童安全教育的效果最大化。

知识准备

一、学前儿童安全教育的途径

安全教育对于学前儿童来说是至关重要的，它涉及多种途径，以确保学前儿童在各种环境下的安全。以下是实施学前儿童安全教育的三种有效途径。

（一）日常生活中的安全教育

教师和家长要在日常生活中不断强调学前儿童安全保护的重要性，如在穿衣、吃饭、玩耍等日常活动中融入安全指导，丰富学前儿童的自我保护知识和技能，让他们了解何为安全行为、如何避免危险。可以利用日常生活中的实例教育学前儿童认识到安全的重要性，如指出家中的安全隐患、教导学前儿童如何安全地过马路等。

（二）渗透在其他活动中的安全教育

在体育、游戏等活动中融入安全教育，如在体育课程中教授安全运动的方法，提高学前儿童的身体协调性和反应能力；在做游戏时，教导学前儿童遵守游戏规则，正确使用玩具和游戏设施。同时，加强家园联系，共同构建学前儿童安全教育网络，使教师和家长共同参与到学前儿童安全教育中。

（三）体验式的安全实践活动

通过体验式的安全实践活动，让学前儿童在实际操作中学习安全知识。例如，可以通过游戏和实际体验的方式，提高学前儿童的安全意识和自救能力，如模拟火灾逃生演练、交通安全游戏等。也可以安排具有实际意义的活动，如参观消防站、学习使用简单的急救工具等，让学前儿童在实际操作中学习和掌握安全技能。

这些途径的共同目的是通过日常生活、综合性活动和体验式学习的结合，使学前儿童不仅从理论上了解安全知识，而且在实际生活中运用这些知识，有效地提高他们的安全意识和自我保护能力。

二、学前儿童安全教育的注意事项

（一）创造良好的幼儿园安全教育环境

幼儿园应将学前儿童的安全问题放在首要地位。教师应富有爱心，有强烈的安全意识和责任心，并具备处理一些常见意外的技能。幼儿园的玩具及游戏设施应定期检查，以便及时发现问题，及时处理。学前儿童用药及相关消毒用品均要妥善保管，以防学前儿童误服。幼儿园可设置安全标志，开辟安全教育宣传栏，创设安全教育小画廊，利用环境资源对学前儿童进行渗透式的安全教育，使其在潜移默化中增强安全意识，并能够采取一些基本的安全防护措施来保护自己。

（二）内容与形式符合学前儿童生理和心理发展特点

（1）活动形式的创新和多样化：结合学前儿童的兴趣和年龄特点，采用游戏和模拟演练等互动性强的活动形式进行安全教育。比如，设置模拟交通环境的游戏，让学前儿童扮演不同角色（如交警、行人）；在特殊纪念日如 11 月 9 日全国消防日，组织消防逃生、地震逃生等演练，让学前儿童通过实际操作提高应急反应能力和自我保护技能。

（2）利用现实情境进行教学：教师可以录制学前儿童玩耍时的视频，然后和学前儿童一起分析视频中的安全和危险行为，使学前儿童在真实情境中学习如何保护自己。创设与安全教育相关的游戏环境，如设置安全主题的角色扮演区，使学前儿童在轻松愉快的气氛中学习安全知识。

（3）跨学科的安全教育整合：将安全教育融入日常的教学活动中，如在语言学习中讲述安全故事、唱有关安全的儿歌；在美术课程中画关于过马路的画；在体育活动中学习避险动作；在科学课程中融入了解交通工具、认识交通标志等内容，帮助学前儿童理解安全与日常生活的联系。

（4）注重情感培养与实际应用：在安全教育中注重培养学前儿童的情感，帮助他们在遇到危险时保持冷静，克服恐惧。紧密结合社会发展和现实生活中的安全问题，确保安全教育内容的时代性和实用性。

（三）加强学前儿童对危险情境及事故原因的认识

学前儿童对危险情境及事故原因的认识明显有别于成人。例如，学前儿童认为明显凸起且尖利的物体远没有来来往往的车辆或东奔西跑的伙伴来得危险，因为前者是“不动”的，而后者动个不停；又如，学前儿童认为接近小动物是危险的，因为它们会咬自己，而一把裂口的长柄玩具枪却没有什么危险，因为它是“假”的。正因为学前儿童以自己特有的思维方式缩小了生活中危险事物的范畴，所以增强学前儿童的危机感，引导他们正确分析事故发生的根本原因是十分必要的。

（四）加强家园联系，发挥教育合力

家园共育在学前儿童安全教育中起着至关重要的作用，它要求幼儿园和家庭之间进行紧密合作和持续沟通。首先，确保信息共享与沟通，幼儿园需要定期向家长汇报学前儿童在安全学习方面的进展，同时鼓励家长分享孩子在家的相关表现。其次，幼儿园和家长应共同制订和执行一致的安全教育计划，确保学前儿童在家和在幼儿园受到连贯且一致的指导。家园共育还包括布置与安全相关的家庭作业和活动，比如一起检查家中的安全隐患，让家长和孩子共同参与安全学习。此外，对家长进行定期培训和教育也非常重要，内容包括急救技能、防灾减灾知识等，以增强家长的安全意识和能力，使其在日常生活中更有效地保护和指导孩子。通过家园共育，不仅能提升学前儿童的安全意识和自我保护能力，还能加深家庭与幼儿园之间的信任与合作关系，共同为学前儿童创造一个安全、健康的成长环境。

课堂讨论

1. 如何在日常活动中有效融入学前儿童安全教育？
2. 家庭应如何与幼儿园进行学前儿童安全教育方面的合作？

实例分析

李老师是一名富有经验的幼儿园教师，她在班级中安排了一天专门用于安全教育活动，目标是让学前儿童了解和掌握基本的安全知识，并学会在日常生活中应用这些知识。活动开始时，李老师首先利用多媒体展示了一系列关于家庭安全的图片，包括火灾、水池溺水、触电等常见危险情境，并详细解释了每种情况下应该采取的安全措施。然后，李老师利用模拟游戏的方式，让学前儿童体验不同危险情境下的自救方法。例如，她布置了一次火灾逃生演练，学前儿童在老师的指导下学习了快速疏散、使用

湿毛巾遮住口鼻等自救技巧。

在讨论环节，李老师鼓励学前儿童分享他们在游戏中的感受，并对他们的表现给予肯定和鼓励。此外，她还向学前儿童展示了家庭安全检查清单，并教导他们如何检查家中的安全隐患。活动的最后，李老师布置了一项家庭作业，让学前儿童与父母一起在家中进行一次安全检查，并记录下他们发现的潜在危险。

讨论问题：李老师是如何将理论知识和实践操作相结合来进行安全教育的？在这个案例中，学前儿童通过哪些方式学到了安全知识？这种方式的优势是什么？案例中的家庭作业环节对于强化学前儿童安全教育有何重要性？

• 任务测评 •

一、单选题

1. 学前儿童安全教育（　　）。

A. 只限于学校教育

B. 只在家庭环境中实施

C. 在日常生活的各个方面融入安全指导

D. 仅限于体育活动

2. 在学前儿童安全教育中开展家园共育应注意（　　）。

A. 仅提供家庭作业和活动

B. 保持家庭与幼儿园在安全规则上的一致性

C. 只有家庭负责安全教育

D. 仅有学校负责安全教育

二、实务题

1. 设计一份以角色扮演的形式开展的体验式防拐骗安全实践活动方案。

2. 设计一份家庭安全检查活动方案，让学前儿童参与家中的安全隐患检查，并让他们记录发现的问题。

• 任务小结 •

本任务探讨了学前儿童安全教育的有效途径和重要注意事项。通过全面的分析，学生理解了如何在学前儿童的日常生活和教育活动中融入安全教育，以及如何利用体验式实践活动和家园共育策略增强学前儿童的安全意识。

思政园地

思政元素	具体内容
培养社会责任感	通过安全教育，学习保护自己和他人的方法，培养社会责任感。
重视法治教育	通过学习交通规则、公共安全规定等内容，强调遵守法律法规在日常生活中的重要性，培养学生的法治意识和遵纪守法的良好习惯。
体现全面发展与人文关怀	涵盖交通安全、消防安全等多方面内容，不仅注重知识传授，也关注学前儿童情感、态度和价值观的培养，体现教育的全人发展理念。

项目七

学前儿童体育教育

学习目标

知识目标：

1. 理解学前儿童体育教育的内涵和价值。

2. 掌握学前儿童体育教育的原则和规律。

3. 熟悉学前儿童体育活动的具体目标、内容和组织形式。

能力目标：

1. 能够设计和实施适合学前儿童的各种体育活动。

2. 能够评估学前儿童的体育活动参与情况并灵活调整教学方法。

3. 能够根据学前儿童的身心发展水平调整体育活动的强度。

素养目标：

1. 培养团队协作能力和体育精神。

2. 树立促进学前儿童身心全面发展的健康教育理念。

3. 探索创新性的体育教学方法，培养社会责任感。

案例导入

浩浩是某幼儿园中班的一名儿童。今天的体育课上，老师安排了一系列活动，包括跳绳、走平衡木，以及小组接力赛。在活动开始前，老师先组织学前儿童进行了简单的热身运动，然后分别引导他们参与这些活动。浩浩特别喜欢跳绳，但在走平衡木时却显得有些笨拙。老师注意到了这一点，便鼓励浩浩不要灰心，并给予了他一些具体的指导，比如如何调整步伐、保持身体平衡等。接着，学前儿童进行了小组接力赛。每个学前儿童都兴奋地参与其中，浩浩也不例外，而且他在比赛中展现出了良好的团队合作精神。活动结束后，老师让学前儿童进行了适当的放松活动，并引导他们分享了自己的体验和感受。浩浩虽然在平衡木项目上遇到了挑战，但他从中学会了坚持不懈，也体会到了成功的喜悦。

知识卡片

关键词	笔记栏
• 本质内涵 • 双重价值 • 四项原则 • 两大规律 • 设计实施	**任务一　认识学前儿童体育教育的内涵及价值** 1. 内涵 - 以学前儿童发展规律为依据，通过系统的体育活动促进身心健康成长 2. 价值 - 促进身体发展：增强体质、促进生长 - 促进心理发展：情绪调控、自信心建立 **任务二　理解学前儿童体育教育的原则和规律** 1. 原则 - 活动实施常态化（持续性） - 运动负荷适宜性（符合年龄特点） - 形式与内容多样性（丰富多变） - 身体发展全面性（均衡协调） 2. 规律 - 机体活动能力变化的规律 - 动作技能形成的规律 **任务三　设计并实施学前儿童体育活动** 1. 目标 - 兴趣和习惯、生理和身体素质、自我保护意识和能力、心理和社会性 2. 内容 - 走、跑、跳、投、攀（攀登、钻、爬）、体 3. 形式 - 体操活动、体育课、体育游戏、户外体育活动、其他

总结栏

1. 核心要点
- “二维价值”：身体＋心理
- “四项原则”：常态、适宜、多样、全面
- “双重规律”：能力变化三阶段＋技能形成三步骤
- “四维目标”：兴趣习惯、身体素质、自我保护能力、社会性
- “六类内容”：走跑跳投攀体
- “五种形式”：体操、课程、游戏、户外、其他

2. 实践启示
- 遵循学前儿童发展规律，以游戏激发兴趣，循序渐进设计活动，促进身心协调发展，灵活多元教学

3. 记忆助手
- 价值（身心并重两维度）、原则（常适多全四准则）、规律（三上三下六阶段）
- 目标（兴质保社四方向）、内容（走跑跳投攀体）、形式（操课游户他）

任务一　认识学前儿童体育教育的内涵及价值

任务分析

本任务的内容是深入理解学前儿童体育教育的内涵及在学前儿童全面发展中的价值。通过综合分析体育活动对学前儿童身体和心理的影响，揭示体育教育在促进学前儿童身体生长发育和心理发展方面的重要作用。

知识准备

一、学前儿童体育教育的内涵

学前儿童体育教育是学校体育教育的重要组成部分，是专门针对幼儿园3至6岁儿童开展的体育教育活动。这一教育领域旨在依据学前儿童的身心发展规律和年龄特点，通过有计划、有目标的体育活动有效增强学前儿童体质，促进其身心健康成长。它不仅包括运动习惯、运动认知和情感的培养，还涉及运动能力和技能的启蒙教育，

体现了学前儿童保育和教育的统一。

二、学前儿童体育教育的价值

学前儿童体育教育不仅是健康领域教育的重要组成部分，也是整个学前教育的一项核心内容，对于促进学前儿童的生长发育、增强学前儿童的体质有重要价值，同时对学前儿童心理以及社会性的发展也具有积极的作用，从而为学前儿童的全面发展提供基础和保障。

（一）促进学前儿童身体发展

学前期是儿童生长发育十分迅速和旺盛的时期，也是其建立物质基础的关键期和有效期。学前儿童有意识地参与运动能够促使人体系统功能不断地完善，这主要是通过对身体施加一定的刺激（即运动刺激）来实现的。一定的运动刺激作用于学前儿童的机体，使机体承受相应的生理负荷。这种刺激的经常化，促使机体内部不断地进行调整而逐渐发生适应性变化，从而使机体在形态、结构和机能上得到一定的完善和提高。同时，学前儿童在运动中对各种基本动作进行反复运用和练习，这会对其身体的许多器官和系统产生重要的影响。

具体来说，体育活动对学前儿童身体发展的作用主要表现为：（1）能够有效地促进学前儿童骨密质生长、骨直径增大以及骨矿含量增多，使骨的新陈代谢加强，提高骨细胞的生长能力。（2）能够有效地增强肌肉组织功能，使肌肉的力量与耐力得到发展。（3）能够对学前儿童的心脏、血管和呼吸系统起到锻炼作用。（4）能够增强学前儿童中枢神经的控制能力、调节能力，促进学前儿童感知觉的发展。

（二）促进学前儿童心理发展

体育运动中的情绪体验具有鲜明、强烈、多样、易变的特点。身体的运动、动作的发展能使学前儿童获得丰富的感官刺激，使神经系统综合调节能力得以增强，兴奋与抑制过程得以和谐，从而较好地调节情绪。在运动过程中由于受到全方位的信息刺激，学前儿童能够在与环境的交互作用中获得成功的体验，从而激发内在的积极性。许多专家、学者对身体运动能力的发展与智力发展之间的关系进行了研究，研究证实，对于儿童来说，两者之间的关系是比较密切的，而且年龄越小，其相关程度就越高。同时，身体的运动过程还会对人的认知、情感、意志和个性等的发展产生积极的影响。

具体来说，体育活动对学前儿童心理发展的作用主要表现为：（1）有利于学前儿童认知的发展。学前儿童在进行适当的运动时，心肺功能频率加快，血液循环加速，能够大大改善大脑的供氧状况，有助于提高大脑神经系统的工作效率，为学前儿童的智力活动提供先决条件。受到运动的刺激，大脑皮层神经细胞活动的强度、灵活性、均衡性得到提升，促使神经系统之间的联系加强，这为学前儿童智力的发展创造了良好的条件。同时，学前儿童通过参与各种运动活动，可以获得丰富的知识和运动经验，从而使学前儿童的感知觉更加敏锐，观察更加准确细致，语言理解能力、记忆力、想象力、思维和判断能力等方面均能得到发展。（2）有利于学前儿童个性的形成。学前期是“自我”的萌芽时期，是个性的最初形成时期。有关研究结果表明，凡运动能力发展良好的学前儿童，其社会性的发展也比较好；凡运动能力发展迟缓的学前儿童，其社会性发展水平也较低，依赖性强。身体活动的能力会影响学前儿童自我概念的形成，学前儿童能做什么、不能做什么，主要是由其身体活动的能力决定的。也有研究表明，运动能力与个性特征之间存在密切的联系。一般运动能力较强的学前儿童，自信心较强，行为更主动积极，探索精神和独立自主性也更强。（3）有利于培养良好的社会适应能力。学前儿童在运动活动中需要与同伴建立交往关系，培养共同的积极态度，形成集体的观念；需要遵守游戏规则，克服运动带来的负荷和内心的紧张情绪；还需要与他人协作，公平竞争，培养团队精神和责任感；等等。这都为学前儿童社会适应能力的发展提供了非常好的条件和机会。

课堂讨论

1. 体育教育对学前儿童的身体发展有何价值？
2. 体育教育对学前儿童的心理发展有何作用？

实例分析

某幼儿园定期组织各类体育活动，以促进学前儿童身体和心理的健康发展。活动包括室内外游戏、基本体育技能训练和团队运动。比如，通过音乐椅子、模仿游戏等活动提高学前儿童的反应能力和协调性；通过跳绳、平衡木等活动提升学前儿童的动作协调性和身体控制能力；通过小型足球赛或接力赛发展学前儿童的团队合作能力和社交技能；等等。通过各种体育活动，学前儿童的身体强度、灵活性和耐力得到了显著提升，合作意识和社交能力明显增强，同时游戏的成功体验也增强了学前儿童的自信心。此外，活动中的互动和乐趣改善了学前儿童的情绪状态，减少了他们的焦虑和压力。

讨论问题：如何设计日常体育活动，使之既有趣又能有效促进学前儿童的身心发展？教师如何平衡不同学前儿童的能力差异，确保每个学前儿童都能从体育活动中受益？在日常体育活动中，应如何处理安全事故，同时避免学前儿童因恐惧而回避体育活动？

任务测评

一、单选题

1. 体育活动主要促进学前儿童（　　）的发展。

A. 认知　　B. 社交技能　　C. 身体健康　　D. 以上所有

2. 以下哪项是体育活动对学前儿童心理发展的积极影响？（　　）。

A. 增强记忆力和注意力　　B. 促进肌肉和骨骼发展

C. 提升社会性和团队合作能力　　D. 加强心脏和血管功能

二、实务题

1. 设计一份适合小班儿童的户外体育活动计划。考虑到这个年龄段儿童的身体发展和协调能力发展特点，活动应该注重基本动作技能的发展，如跑、跳、爬等。请描述活动的具体内容、目标、所需材料和安全注意事项。

2. 针对大班儿童创建一个团队合作的体育游戏方案。此游戏应有助于培养学前儿童的社交技能、合作意识和公平竞争精神。请详细说明游戏的规则、目的、团队组成方式以及如何在游戏中加入教育元素，以发展学前儿童的团队合作能力和社会适应能力。同时，请说明如何确保学前儿童在游戏过程中的安全。

任务小结

本任务深入探讨了学前儿童体育教育的内涵及在学前儿童全面发展中的价值。通过详细分析体育活动对学前儿童身体和心理发展的影响，明确了体育教育在促进学前儿童身体生长发育和心理发展方面的重要作用。通过课堂讨论和实例分析，学生不仅能够加深对理论知识的理解，还可以学会如何将这些知识应用于实际的教学活动设计中。

任务二　理解学前儿童体育教育的原则和规律

任务分析

本任务的内容是深入理解学前儿童体育教育的原则和规律，以及如何将这些理论知识应用到实际的教学活动中。学生将学习如何根据学前儿童的生理和心理特点设计体育活动，以及如何确保活动的多样性和全面性；还将了解如何评估学前儿童的运动负荷，确保活动安全和有效。

知识准备

一、学前儿童体育教育的原则

幼儿园应该统筹规划课程内容，积极地创造一切条件和资源为学前儿童参与体育活动提供保障。教师也应该有目的、有计划地设计与实施学前儿童体育活动，更好地完成学前儿童体育教育的任务。

（一）活动实施常态化原则

认真贯彻落实学前儿童每日户外体育活动时间不得少于 1 小时的要求，将学前儿童体育活动科学合理地安排在幼儿园一日活动之中。当遇到雨、雪、霾等特殊天气时，教师需要根据已有的条件（或创造条件）适时做好调整，比如在室内或房屋的通道内组织体育活动，充分保障学前儿童体育活动按时进行。

（二）运动负荷适宜性原则

运动负荷是指学前儿童在参与体育活动的过程中所承受的生理和心理负荷总量。生理承受的负荷量称为运动量，运动量的大小是运动负荷的直接体现。运动量过小，对学前儿童起不到锻炼和增强体质的作用；相反，运动量过大，则有损学前儿童身体的健康。运动量的大小主要根据学前儿童的运动频率、持续运动的时长、运动强度和运动密度等标准来判断。其中，运动强度一般可通过监测学前儿童心率加以判断，心率越高，运动量相对越大；运动密度指在一次活动中，学前儿童实际运动时间占总活动时间的百分比，数值越大，表明运动量越大。常规体育活动中学前儿童的平均心率为 130 ～ 160 次 / 分钟，运动密度为 50% ～ 70%。

学前儿童在体育活动中的心理负荷的影响因素是多方面的，包括运动强度和时长、练习的难度、教师的教态、环境、气候等，教师可以通过观察学前儿童的注意力、情绪表现进行评价。

运动负荷的适宜性主要表现为：运动量由小到大，再由大到小，从运动前到运动结束，心率整体上呈抛物线状，最高不能超过 180 次 / 分钟；运动强度不宜过大，运动密度可以稍大一些，选择低强度、高密度的活动内容；运动中注意动与静、急与缓的交替；运动中还可以通过观察学前儿童的面色、出汗量、呼吸状态、疲劳程度等进行运动负荷的评估。

（三）形式与内容多样性原则

一方面，体育活动形式的多样性，可以有效地弥补各体育活动自身的不足，建立有机联系的联动机制；另一方面，体育活动内容的多样性，既能满足学前儿童的好奇心，培养其运动兴趣，又能提供多种刺激，促进学前儿童身心的和谐健康发展。

（四）身体发展全面性原则

这是指要通过体育活动，使学前儿童身体的各个部位、各器官和系统的机能、各项身体基本素质和基本活动能力得到全面的发展。

除了以上四个原则外，教师在组织学前儿童体育活动时还应该遵循从实际出发的原则、循序渐进原则、直观性原则、游戏性原则等，只有全面贯彻各项原则，才能获得更好的学前儿童体育教育实施效果。

二、学前儿童体育教育应遵循的规律

学前儿童体育活动直接作用于学前儿童本身，为了更好地设计与实施学前儿童体育活动，教师应充分考虑学前儿童机体及动作在运动过程中的变化规律。

（一）机体活动能力变化的规律

在运动过程中，机体的活动能力会随着有关器官和系统功能的变化而不断发生变化，并表现出客观的规律性。

1. 上升阶段

这个阶段包括两个过程：第一，在运动前，学前儿童生理和心理发生相应的变化和反应，有的表现为积极状态，有的则表现为消极的状态；第二，运动开始时，通过一些准备性的身体活动，学前儿童的身体机能由较低的状态提升到较高的状态。因此，在这一阶段，教师要根据学前儿童表现出的状态，用有趣的方式吸引学前儿童的注意，引导他们积极参与，同时采用低强度的活动内容，逐步提升学前儿童身体机能的适应性。

2. 平稳阶段

在一段时间内，学前儿童各器官的活动能力逐渐达到较高的水平，处于积极的工作状态，这段时间称为平稳阶段。此时，身体运动的效率比较高，能适应一些较激烈的运动，但是，由于学前儿童神经细胞和肌肉组织较容易疲劳，因此持续的时间较短。如果学前儿童情绪愉快，活动量不是很大，那么疲劳相对会出现得晚一些。在这一阶段，教师可以安排运动强度较大、较激烈或难度较大的活动内容。

3. 下降阶段

经过一定时间的运动后，学前儿童体内的能量消耗较多，身体开始出现疲劳的感觉或现象，机体活动能力下降，这段时间称为下降阶段。此时，教师主要安排学前儿童做一些身体放松活动，并慢慢结束活动，使其生理、心理逐渐放松，恢复到相对安静时的状态。

（二）动作技能形成的规律

动作技能又称为运动技能，是指人在运动中掌握和有效完成专门动作的能力。运动技能的形成，通常会经历以下三个相互联系的阶段。

1. 粗略掌握动作的阶段

这个阶段又称为“泛化”阶段，学前儿童对动作有了初步的印象，但在完成过程中会表现出紧张、僵硬、不协调、不自然、不准确、控制力差、多余动作较多等特点，此时他们主要依靠视觉表象来控制和调节动作。在这一阶段，教师要慢慢引导学前儿童感知与探索，不宜过多地强调动作的细节部分，也不宜急于纠正学前儿童出现的错误，要鼓励学前儿童多去尝试，多去体验感知。

2. 改进和提高动作的阶段

这个阶段又称为“分化”阶段，学前儿童通过练习，能较顺利、较准确地完成动作的相关要求，形成了完整的动作概念，但学前儿童动作的连续性、熟练程度还不够，并且不太稳定，需要教师组织多种形式的活动，让学前儿童加以练习与巩固，增强动作的连贯性，促进思维记忆向肌肉记忆的转化。

3. 动作巩固和运用自如的阶段

这个阶段又称为“自动化”阶段，学前儿童已经有了肌肉记忆，动作完成的准确度高，非常熟练、协调，而且在活动中能够灵活地运用动作。教师可通过体育游戏或其他体育活动形式，变换不同的场景与内容，让学前儿童在反复的动作练习中提高动作的适应性。

课堂讨论

1. 如何根据学前儿童的年龄特点和发展水平调整体育活动的强度和内容？
2. 举例说明多样化的体育活动是如何促进学前儿童身体全面发展的。

实例分析

某幼儿园体育老师王老师为了提高学前儿童的基本运动技能，特意设计了一个“跳跃小猴”游戏。游戏规则是：学前儿童需要模仿小猴的跳跃方式，从一个圈跳到另一个圈中。王老师将不同颜色的圈随机排列在操场上，各个圈之间的距离也不尽相同，有的距离较远，需要学前儿童努力跳跃才能到达。

游戏开始后，王老师发现，部分学前儿童因为跳跃力量不足而不能成功跳到较远的圈中，显得很沮丧。还有些学前儿童则因为过于轻松地完成任务而感到无聊。面对这种情况，王老师立即调整了游戏规则，为不同能力水平的学前儿童设置了不同的跳跃目标，保证每个学前儿童都能在挑战和乐趣中发展自己的跳跃技能。

讨论问题：在这个案例中，王老师在体育活动的设计上应用了哪些原则？针对不同能力水平的学前儿童，王老师进行了怎样的调整？这种调整对于学前儿童的学习有何影响？如果你是王老师，你还会采取哪些措施来确保每个学前儿童都能在游戏中得到发展？

任务测评

一、单选题

1. 学前儿童在参与体育活动时，适宜的运动负荷应该是（　　）。

A. 尽可能高的运动强度以增强体质

B. 运动量适宜，保证运动既不过度也不过轻

C. 长时间的持续运动以提高耐力

D. 仅在学前儿童感兴趣时进行体育活动

2. 根据学前儿童机体活动能力变化的规律，教师应如何安排体育活动的过程？（　　）

A. 从活动开始就进行高强度的锻炼

B. 保持整个活动过程中强度不变

C. 从低强度开始，逐渐增强，然后逐渐减弱

D. 以随机的方式改变活动强度

二、实务题

1. 设计一个适合幼儿园中班儿童的室内体育活动，要求考虑到中班儿童的生理和心理发展特点，应符合活动实施常态化原则和运动负荷适宜性原则。请详细描述活动目标、具体内容、所需材料、活动步骤，并提出如何保证运动强度适宜，以及在活动中如何观察和调整学前儿童的参与状态。

2. 为大班儿童设计一个户外团队体育游戏，要求游戏设计应符合形式与内容多样性原则和身体发展全面性原则。请详细阐述游戏规则、目标、团队组成方法、游戏所需材料和安全措施，要特别注重通过游戏促进学前儿童身体素质的全面提高，以及团队合作和社交技能的发展。

任务小结

本任务深入探讨了学前儿童体育教育的原则，包括活动实施常态化、运动负荷适宜性、形式与内容多样性及身体发展全面性等；同时总结了学前儿童体育教育应遵循的规律，包括机体活动能力变化的规律和运动技能形成的规律。此外，通过案例分析和课堂讨论，学生理解了多样化的体育活动是如何促进学前儿童身体全面发展的，以及如何根据学前儿童的年龄特点和发展水平调整体育活动。

任务三　设计并实施学前儿童体育活动

任务分析

本任务旨在探讨学前儿童体育活动的核心要素，包括目标、内容和组织形式，重点揭示如何通过具体的体育活动，有效地增强学前儿童的体质并促进其全面发展。同时，学生还将学习如何结合学前儿童的兴趣和发展阶段，设计和实施适宜的体育活动。

知识准备

一、学前儿童体育活动的目标

（一）兴趣引导和习惯培养

通过丰富多样的体育活动，激发学前儿童对体育活动的兴趣，帮助他们培养积极参与体育活动的习惯。这就要求为学前儿童提供有趣的游戏和活动，使学前儿童在享受乐趣的同时，自然地养成体育锻炼的良好习惯。

（二）生理发展和身体素质提升

依据学前儿童身心发展的特点，设计多样化的体育活动，促进学前儿童的生长发育，提高他们的身体素质。这些活动应该包括各种能够发展学前儿童力量、耐力、灵活性、协调性和平衡感的运动。

（三）自我保护意识和能力增强

通过体育活动，增强学前儿童的自我保护意识和能力，教育学前儿童如何安全地进行体育活动，以及在遇到危险时如何保护自己。

（四）心理和社会性发展

通过团队式的体育活动，提升学前儿童的团队合作和社交技能；通过让学前儿童体验挑战的过程和成功的喜悦来培养他们的自信心和意志力；通过各种形式的体育运动促进学前儿童认知和情感的发展。

二、学前儿童体育活动的内容

学前儿童体育活动的内容主要就是基本动作的训练。基本动作就是人体的基本活动能力，指人们在日常生活和社会实践活动中所必需的最基本的身体运动技能。根据动作组成的基本结构与特点，可以将基本动作分为两种类型：一种是周期性动作，其特点是以不断地循环、重复某些基本的动作技术为基础，如走步、跑步、爬行等动作。这类动作较为简单，学前儿童较容易学会和掌握。另一种是非周期性动作，其特点是由几个相互衔接的动作环节连接起来形成一个完整的、独立的动作。这类动作较为复杂，学前儿童较难掌握，如跳跃、投掷、侧面钻等动作。学习和掌握这类动作，需要循序渐进，要有更加集中的注意力、更高的动作协调能力以及更多的意志努力。

（一）走步

走步，或称行走，是人体移动位置最基本、最自然、最容易和最省力的一种运动方式，属于周期性动作。适当步行或行走，可以有效地锻炼下肢部位的肌肉、骨骼、关节和韧带，增强腿部的肌肉力量，提高身体的平衡能力和协调能力，发展肌肉耐力及心肺功能。同时，它又是一种以有氧代谢为主的身体运动，很适合学前儿童练习。学前期是走步能力发展和身体姿势形成的重要时期。走步练习的主要内容如表 7－1 所示。

表 7－1　走步练习的主要内容

	小班	中班	大班
走步	1. 听信号向指定的方向走 2. 在指定的范围内四散走 3. 双脚灵活交替上下楼梯 4. 能沿地面直线或在较窄的低矮物体上走 5. 跨过小障碍走 6. 短途远足	1. 根据节奏行走 2. 听信号变换速度或方向走 3. 用脚尖或蹲着走 4. 倒退走、上下坡走 5. 在物与物间或平衡板上走	1. 一对一对整齐地走 2. 拉或推物走 3. 迈大步走 4. 较长距离的远足 5. 在斜坡、荡桥和有一定间隔的物体上平稳地行走

走步的特点与基本要求：上体保持正直，自然地行走，两臂适度地前后摆动，动作放松；步幅适中，步频适度，均匀而有节奏地行走；动作要符合生物力学的原理，

脚尖向前方，落地要轻，减少走步时身体重心的起伏摇摆。

走步练习的指导要点：提供一个安全的环境，增强学前儿童在练习中的安全感，减轻学前儿童的紧张情绪；多给予鼓励，使学前儿童大胆完成不同形式和内容的“走”的动作；关注学前儿童行走姿势的正确性，如有需要，可利用各种环境资源辅助其完成动作。

（二）跑步

跑步是学前儿童生活中最常用、最基本的运动技能之一，也是锻炼身体的一种重要手段。它是一种以有氧代谢为主的体育活动，和走步一样非常适合学前儿童练习。学前儿童有规律地进行跑步运动，可以有效地增强下肢部位的肌肉力量，提高身体的反应速度、灵敏性、耐力等身体素质。同时，在跑步的过程中，学前儿童还能积累有关时间与空间的经验，从而促进感知觉的发展。跑步练习的主要内容如表 7－2 所示。

表 7－2　跑步练习的主要内容

	小班	中班	大班
跑步	1. 在指定的范围内四散跑 2. 听信号向指定的方向跑 3. 围成圆圈跑 4. 一个跟着一个跑 5. 100 米慢跑或走跑交替	1. 追逐跑、躲闪跑 2. 绕障碍跑 3. 10 ～ 20 米快跑 4. 接力跑 5. 沿曲线跑 6. 100 ～ 200 米慢跑或走跑交替	1. 听信号变速或变换方向跑 2. 四散追逐跑、躲闪跑 3. 20 ～ 30 米快跑 4. 200 ～ 300 米慢跑或走跑交替 5. 高抬腿跑 6. 两人或多人协同跑

跑步的特点与基本要求：跑步时，眼睛平视前方，上身向前倾，双手握空心拳，屈肘、前后自然摆动；向前迈步时，有蹬地和腾空的动作，落地时前脚掌先落地；用鼻子呼吸或用鼻子吸、口呼。

跑步练习的指导要点：在跑步前要组织学前儿童做好热身活动，跑步结束后，也需要安排放松活动；组织学前儿童跑步时，要关注跑步的路线和人数，避免发生碰撞；开展形式多样、不同距离、不同速度的跑步活动，培养学前儿童对跑步的兴趣；活动中要关注学前儿童的活动量情况，随时做好调整；快跑时，要根据学前儿童的身体状况和年龄特点，控制学前儿童的跑步时间和强度，避免过度疲劳；跑步时，引导学前儿童“步子大些，落地轻些”，并帮助他们掌握正确的呼吸方法。

（三）跳跃

跳跃属于非周期性动作，由预备、起跳、腾空和落地四个阶段组成，其形式丰富多样，可以有效锻炼下肢部位的肌肉力量和机体的爆发力，发展弹跳能力，提高身体的协调性、灵敏性、耐力等素质。跳跃在学前儿童体育活动中的运用较为常见，比如在模仿小动物的系列游戏中，可以模仿小兔跳、袋鼠跳、小马跳等，深受学前儿童的喜爱。跳跃练习的主要内容如表 7－3 所示。

表 7－3　跳跃练习的主要内容

	小班	中班	大班
跳跃	1. 双脚连续向前跳 2. 原地纵跳 3. 短距离的跨跳 4. 从高处往下跳（15 ～ 25 厘米）	1. 助跑跨跳 2. 纵跳触物 3. 立定跳远 4. 单脚跳 5. 行进跳 6. 夹物跳 7. 从高处往下跳（25 ～ 30 厘米）	1. 连续跳绳 2. 纵跳触物（增加高度和难度） 3. 变换方向跳 4. 转身跳 5. 跳皮筋、蹦床、跳箱 6. 从高处往下跳（30 ～ 40 厘米）

跳跃的特点与基本要求：自然屈膝，做好起跳的准备；跳跃时全身协调统一，瞬时爆发出力量，快速完成蹬地动作，双脚离地、腾空；落地时，下肢自然弯曲缓冲，保持身体的平衡，也可以向前迈步。

跳跃练习的指导要点：组织学前儿童参与跳跃活动时，尽可能选择柔软平整的地面；提醒家长为学前儿童穿适宜进行跳跃运动的鞋子和服装；引导学前儿童感受一些动作要领，比如前脚掌先落地，整个落地的动作要轻；连续跳跃或行进跳时，要控制跳跃的时间和强度，避免过度疲劳；练习单个跳跃动作时，鼓励学前儿童尽可能地跳得高或跳得远。

（四）投掷

投掷属于非周期性动作，是运用上肢对相应的投掷物进行抛扔的动作。常见的投掷动作有抛、接、传、递、击等。不同的投掷动作可以有效地锻炼上肢、腰腹、背等不同部位的肌肉力量，提高机体的协调性。

从投掷的结果来看，一般可将投掷分为掷远和掷准两类。

掷远，是将投掷物尽可能地投得远一些，它是速度型力量动作，是上肢和腰背等肌肉力量的综合体现。在掷远过程中，挥臂、甩腕动作十分关键，力量要大、速度要快，以此获得最大的瞬间爆发力；与此同时，掌握合适的出手角度，从而达到掷远的目的。掷远的动作有多种，包括正面投、半侧面投、半侧面转体肩上投等。

掷准，是用投掷物击中指定的目标，体现动作的准确性，需要一定的肌肉力量以及良好的动作控制和判断能力。掷准的动作包括肩上投、胸前抛等。

投掷练习的主要内容如表 7-4 所示。

表 7-4　投掷练习的主要内容

	小班	中班	大班
投掷	1. 双手向上抛球 2. 自然地向前上方或远处挥臂掷物 3. 滚接大皮球	1. 自抛自接球 2. 相互传递 3. 肩上掷远 4. 滚球击物	1. 相互抛接皮球 2. 肩上挥臂投远 3. 投篮 4. 用沙包击中目标

投掷的特点与基本要求：掷准的动作比掷远的动作相对要难一些；正确的动作、合理的角度、较快的速度，才能取得好的投掷效果；不同材料的投掷物、不同方式的投掷动作，会产生不同的投掷效果，幼儿园应该开展丰富多彩的投掷活动。

投掷练习的指导要点：在投掷活动中，可让学前儿童用左手和右手分别进行练习，从而促进机体均衡发展；投掷动作对于学前儿童来说相对较难，可先从挥臂动作开始慢慢过渡到全身动作练习，先练习正面站立肩上投，再做半侧面站立高举臂投；在练习投掷时，掷准的距离应由近到远，目标应该由大到小、由静到动。

（五）攀登、钻、爬

爬属于周期性动作，是人类最早掌握的运动技能，从婴儿期开始逐步地练习与掌握，需要上下肢和躯干的协调配合，共同完成。爬的动作能够锻炼学前儿童四肢肌肉的力量、背腹肌的力量，发展肌体的灵敏性、协调性、耐力等素质。爬的种类很多，常见的有手膝着地爬、手脚着地爬、匍匐爬等。

相对而言，攀登的动作可以理解为爬的动作在一定器械上的延伸与运用，因为有了器械的介入，所以攀登的动作对身体素质，尤其是力量、耐力、协调性等素质要求更高。攀登属于周期性动作，一般有双手攀登、双脚攀登和双手双脚攀登三种形式。

钻的动作能增强学前儿童腿部和腰背部的肌肉力量，发展身体的灵敏、柔韧和平衡等素质，属于非周期性动作。钻一般有正面钻和侧面钻两种形式，侧面钻的动作比较复杂，难度比正面钻大。

攀登、钻、爬练习的主要内容如表 7-5 所示。

表 7-5　攀登、钻、爬练习的主要内容

	小班	中班	大班
攀登、钻、爬	1. 攀登较低的攀登设备 2. 手膝着地爬 3. 倒退爬、快速向前爬 4. 正面钻	1. 在中大型攀登设备上自由攀登 2. 手脚着地爬 3. 侧面钻	1. 用不同的方法进行攀登 2. 探索各种爬的动作 3. 连续钻过障碍物

攀登、钻、爬的特点与基本要求：在攀登过程中，手握物或脚踏物要牢固；爬的时候重点关注上、下肢的协调配合，动作灵活，有一定的节奏性；钻的时候要根据障碍物调整身体的姿势，屈膝下蹲，低头弯腰，紧缩身体，移动双脚，保持身体的平衡；侧面钻时，最大的难点在于重心的转移。

攀登、钻、爬练习的指导要点：攀登、钻、爬动作对身体局部的力量要求比较高，在活动中不能高频率地进行，避免局部疲劳，发生危险；在练习攀登、钻、爬动作时，要经常提醒学前儿童观察周围，避免发生碰撞；在攀登、钻、爬过程中运用器械时，要根据学前儿童的年龄调整难度，避免学前儿童精神紧张和肌肉紧张。

（六）基本体操动作

基本体操动作主要是在基本体操中使用的身体动作，与其他身体动作相比，它有着自身的独特性和专属性，但它也同其他身体动作一样，能够发展体能、增强体质。基本体操动作一般包括队列队形练习、徒手体操和器械体操的基本动作。基本体操动作练习的主要内容如表 7-6 所示。

表 7-6　基本体操动作练习的主要内容

	小班	中班	大班
基本体操动作	1. 模仿操：以生活中常见的事和物为对象，用身体动作进行表现 2. 拍手操：以拍手为主，结合身体各个部位的拍打而形成不同的动作 3. 响铃操：以转手腕为主要动作，摇摆响铃发出声音	1. 徒手操：以徒手形式进行的表现身体各部位的动作 2. 韵律操：以徒手操动作为主，与律动动作或舞蹈动作有机结合 3. 轻器械操：运用轻器械本身的特点，做出相应的体操动作	1. 韵律操 2. 轻器械操或辅助器械操：运用生活中的器械做出相应的体操动作，比如轮胎、椅子、垫子等 3. 武术操：将武术动作与体操节拍相结合的动作，比如抱拳礼、冲拳、推掌、踢腿、跳跃等动作

基本体操动作的特点与基本要求：队列队形练习是指全体学前儿童按照统一的口令，站成一定的队形，做相对协同一致的队列动作。这种练习可培养学前儿童的团队意识、集体意识，发展其空间知觉。一般在幼儿园活动中，不进行单独的、专门的队列队形练习，但在不同形式的体育活动中，都会有不同程度的运用与呈现。练习过程中都伴随着相应的口令，学前儿童听口令完成相应的动作，随着熟练度的提高，口令也可以调整为某个指挥的动作或变换的音乐等。通常情况下，队列的口令及动作有：立正、稍息、向前看——齐、原地踏步——走、跑步走、向左（右、后）——转、立——定等；队形的口令及动作有：二（四）路纵队走、变成圆圈走、左右转弯分队走等。徒手体操主要包括模仿操、拍手操、武术操等。其动作按身体结构可分为上肢、下肢、头颈、躯干部位动作；按运动方式可分为举、摆、屈、振、踢、转、绕等动作。器械体操是借助一定的器械所做的体操，包括轻器械操和辅助器械操。其动作主要表现为运用合适的徒手体操动作去操控相应的器械，达到锻炼的目的。常见的器械体操有球操、旗操、圈操、板凳操、花操等。一般来说，做操时动作方向和角度要集体保持一致，动作准确，有一定的力量，还需要与节奏合拍。

基本体操动作练习的指导要点：在队列队形动作练习中，尽可能地达到集体一致，不必过分强调统一性，需要根据学前儿童的发展水平做实时的调整，队形的变换路线要清楚，不建议进行枯燥、单调的重复练习；要根据学前儿童的年龄特点和身体动作发展情况来选择相应的体操动作，动作要简单易学，形象生动，节奏鲜明，有锻炼的价值；要注意学前儿童身体的全面锻炼与发展，一套操节要将学前儿童身体各部位的动作有机地组合起来；学前儿童在学习操节时以模仿为主，应精讲多练，给学前儿童充分的练习机会和时间；一般基本体操动作的运用顺序为从上到下、从四肢到躯干、从局部到全身、从简单到复杂、从容易到困难，动作的速度由慢到快，再由快到慢；活动量应由小到大，再由大到小；动作与动作之间的连接需要自然、顺畅。

三、学前儿童体育活动的组织形式

受学前儿童年龄和学习特点，以及学前教育教与学的规律和原则的影响，学前儿童体育活动的组织有着自身的特殊性，常见的组织形式包括：儿童基本体操活动、儿童体育课、儿童体育游戏、儿童户外体育活动和其他形式的儿童体育活动。不同组织形式的体育活动之间相互联系、相互补充、相互促进，形成一个有机的整体，教师通过组织丰富多样的体育活动全面地完成体育活动的任务。

（一）儿童基本体操活动

儿童基本体操活动是伴随儿歌、音乐或节奏进行的有组织、有结构的成套身体动作锻炼活动，主要包括队列队形练习、徒手体操和器械体操三种类型。其特点为：动作统一，节奏规整，动作编排上有一定的顺序（比如从上到下、从局部到整体等）。儿童基本体操活动在学前儿童体育活动中应用较为广泛，凡是集体的体育活动都会应用儿童基本体操活动的相应内容，大部分幼儿园也会在一日活动中安排早操和午间操活动环节。

（二）儿童体育课

儿童体育课，有人称为儿童体育教育教学活动，还有人称为儿童体育活动。名称的分歧，主要来源于对“课”的不同理解，这里的“课”代表的是幼儿园体育教育的形式，而不同于其他学段学校“课”的概念。这种分歧让很多老师在实践中模糊了这种组织形式的真正目的，与其他组织形式发生了混淆，甚至有一部分老师在实践过程中不敢轻易去组织实施儿童体育课。其实，名称虽然不同，但其本质意义没有变，儿童体育课是儿童教师在有目的、有计划、有策略的教育指导下，以儿童身体动作技能的学习与掌握为基本内容，促进儿童身心健康发展的运动活动过程。

受学前儿童年龄特点的影响，不同年龄班的儿童体育课时长有所不同，一般来说，小班 15 ～ 20 分钟，中班 20 ～ 25 分钟，大班 30 分钟左右。

（三）儿童体育游戏

儿童体育游戏，也称为运动游戏或活动性游戏。体育游戏是将体育教育的内容与游戏内容相结合而形成的一种活动组织形式，它一方面要体现体育活动的价值，另一方面要体现游戏的属性。游戏的属性一般表现为有一定的情节、角色、规则和娱乐性。换言之，如果把游戏比作一个“舞台”，体育的内容是“脚本”，教师和儿童是舞台上的“主角”，在这样的环境中完成的一场“演出”就是一个体育游戏的过程。所以，儿童体育游戏就是以运用和巩固身体动作技能为基本内容，以游戏为基本形式，以促进儿童身心健康为目的的运动活动过程。

从组织形式上来说，儿童体育游戏可划分为有组织的儿童体育游戏和儿童自主体育游戏两大类，这种划分具有比较强的实践意义。有组织的儿童体育游戏强调了组织者的活动意图，它是根据儿童发展的需要，制订活动计划，预设活动内容，运用游戏的策略和场景，引导儿童达到锻炼目的的组织形式。儿童自主体育游戏则强调以儿童为主体，是建立在儿童自我需求基础上的一种自主、自愿、自发、自我选择的运动活动，游戏中的角色由儿童自主分配，规则由儿童共同约定。

（四）儿童户外体育活动

从广义的角度来讲，儿童在户外进行的一切运动活动，都可以称为儿童户外体育活动。在这里，我们主要从狭义的角度来理解儿童户外体育活动。户外，主要相对幼儿园活动室（或生活区）而言，指幼儿园占地面积范围内的室外场地。充分利用户外场地和资源开展的体育活动，称为儿童户外体育活动。儿童在户外体育活动中，接受日光、空气、树木等天然的自然环境刺激，这对其健康发展尤为重要。比如，多看绿色植物可以舒缓儿童眼睛疲劳，对视力发育有很好的保护作用；呼吸新鲜的空气可以使脑细胞得到更多的氧气，增强代谢机能，提高脑细胞的活动能力。但是，受场地和资源利用的影响，儿童户外体育活动的内容有一定的局限性，而且不同幼儿园之间的差异较大。儿童户外体育活动常见的内容有：（1）儿童体育器械活动，专指利用体育器械来进行的身体运动活动。活动的内容取决于体育器械的功能。体育器械一般按型号分为大、中、小型体育器械。大、中型体育器械属于功能比较综合或者功能单一、器械结构比较复杂、形体较大的体育器械，一般安装固定在一定的场所，不能随意移动。小型体育器械也称为可移动式体育器械，取放便捷，可供儿童操控以达到锻炼的目的。（2）儿童户外体育区域活动，儿童户外体育区域是由幼儿园根据儿童运动能力结构或运动锻炼的目的统一建构和划分的户外体育区域，每一个区域投放相应的体育器械，或充分利用自然资源，区域的功能属性特征明显，可供儿童自由选择或供教师有计划地进行活动组织。比如攀爬区、平衡区、投掷区、游泳池、沙池等。

（五）其他形式的儿童体育活动

在组织学前儿童体育活动时，除了以上形式的体育活动，还有一些其他形式的体育活动可供选择。常见的有以下几种：（1）儿童运动会。儿童运动会是一种集体式的锻炼活动，内容以表演性或竞赛性的运动项目为主，带有儿童运动能力综合展现的成分。这种活动能够很好地培养儿童的体育精神，如团结合作、勇敢拼搏、集体荣誉感等。（2）儿童远足活动。这是一种有组织的、集体式的徒步行走一定距离的体育锻炼活动，一般在园外进行，利用周边社区资源开展活动，如公园、植物园、相关的参观游览场所等。教师会预先规划好路线，预测相应的距离，安排相应的活动环节，有序地组织进行。

随着时代的发展，目前幼儿园中出现了一些比较有特色的儿童体育活动形式，比如儿童球类运动（篮球、足球等）、儿童定向越野体育活动、儿童马术、儿童武术等。这些活动的要求不同于一般体育活动，技术难度相对较高，需要在专业人士的指导下进行，对教师的组织能力和儿童的身体素质要求更高，在此不做展开。

课堂讨论

1. 如何在幼儿园日常活动中有效融入体育教育？

2. 在体育活动中，如何平衡学前儿童的个体差异以促进每个学前儿童的全面发展？

实例分析

某幼儿园的体育老师张老师计划在一次体育课上组织学前儿童进行接力赛。然而，他没有事先考虑到学前儿童的年龄特点和身体能力差异，直接要求所有学前儿童参与同一种难度的接力赛。在比赛过程中，有的学前儿童因为跑得慢而感到沮丧，有的学前儿童因为害怕失败而拒绝参与。张老师对此表现出明显的不满，并对落后的学前儿童发表了负面评价。此外，张老师在活动中忽视了安全预防措施，导致一名学前儿童在比赛中摔倒受伤。尽管发生了事故，但张老师并未及时调整活动计划或检查活动安全性。

讨论问题：在这个案例中，张老师在体育教育中犯了哪些错误？如果你是张老师，你会如何改进这次体育课的设计和实施过程？

任务测评

一、单选题

1. 在组织儿童体育课时，主要应考虑什么因素？（　　）

A. 学前儿童的年龄和身体能力　　B. 教师的偏好

C. 学前儿童的偏好　　D. 家长的意愿

2. 以下属于非周期性动作的是（　　）。

A. 走步　　B. 爬　　C. 投掷　　D. 跑步

二、实务题

1. 策划和设计一场亲子运动会，请详细描述以下内容：（1）主题和目标。确定亲子运动会的主题及目标。（2）活动内容。设计至少三个适合亲子参与的体育活动或游戏，详细描述其实施步骤和规则。（3）安全措施。列出在运动会中采取的安全措施。（4）评估和奖励机制。描述如何评估参与者的表现，并设定相应的奖励机制。（5）亲子互动。解释如何通过这些活动增强亲子之间的互动和合作。

2. 假设你是某幼儿园的体育老师，需要为 4 ～ 5 岁的儿童设计一节发展平衡能力的体育课。请详细描述你的课程设计，包括以下内容：（1）课程目标。明确你想通过这节课达到的具体目标。（2）活动内容。列出至少两个相关的体育活动或游戏，详细描述其实施步骤。（3）安全措施。指出在活动中应采取的安全措施。（4）评估方法。说明你将如何评估学前儿童在活动中的表现。

任务小结

本任务重点阐述了学前儿童体育活动的目标、内容和组织形式。学生学习了如何根据学前儿童的兴趣和发展阶段设计和实施适宜的体育活动，详细探讨了走步、跑步、跳跃、投掷等基本动作的要求与指导要点，以及如何在幼儿园日常活动中有效融入体育教育，并平衡学前儿童的个体差异。

思政园地

思政元素	具体内容
培养未来教育者的责任感和正确的教育理念	认识到作为未来的教师在促进学前儿童身心健康发展方面的重要作用，培养以儿童为本的教育理念。
加强专业素养和教育技能的培养	强调未来教师需要具备的专业知识和技能，如针对学前儿童的体育活动设计、教学方法的选择和适应性调整，以及如何评估和促进学前儿童的全面发展。
关注教育公平和包容	通过对学前儿童体育教育的学习，理解和重视教育的公平性和包容性，确保每个学前儿童都能在体育活动中获得适当的关注和支持。
强化团队合作意识和职业道德	认识到教师在教育团队中的角色，在教育实践中遵守正确的职业道德和伦理。
发展创新能力和批判性思维	鼓励发展创新能力和批判性思维，关注学前教育领域的教育创新和问题的解决。
理解教育的社会影响	认识教育对于社会的深远影响，尤其是在文化传承、社会发展和个人成长中的重要作用。

项目八

学前儿童健康教育评价

学习目标

知识目标：

1. 理解学前儿童健康教育评价的意义。

2. 了解学前儿童健康教育评价应遵循的原则。

3. 掌握学前儿童健康教育评价的方法和内容。

能力目标：

1. 能够使用不同的评价工具和方法进行学前儿童健康教育评价。

2. 能够设计调查问卷、实施观察，并能够对评价数据进行整理和分析。

3. 具备在实际教学中有效运用学前儿童健康教育评价结果的能力。

素养目标：

1. 树立客观、公正的学前儿童健康教育评价观念。

2. 充分认识学前儿童健康教育评价在教师专业成长和学前儿童发展中的作用。

3. 在学前儿童健康教育评价中注重合作与自我反省，提升专业素养。

案例导入

某幼儿园近期实施了一项创新的健康评价计划，旨在全面提升学前儿童的健康水平。该计划不仅关注学前儿童的身体健康，还涵盖了心理和社交健康等方面，体现了健康教育的全面性和多维度。该健康评价计划的内容包括三个方面：（1）健康习惯培养。通过日常教学和活动，引导学前儿童养成良好的卫生习惯，如规律的体育锻炼、合理的饮食习惯等。（2）心理健康指导。定期组织心理健康活动，包括情感表达、压力管理等，以促进学前儿童心理健康。（3）家庭参与。鼓励家长参与学前儿童的健康教育，通过家长会、工作坊等形式，加强家园合作，共同关注学前儿童的健康成长。通过这个计划，幼儿园成功提升了学前儿童的整体健康水平，学前儿童在身体素质、心理适应能力及社交互动方面均有显著进步，家长参与的积极性也得到提高。

知识卡片

关键词	笔记栏
● 四大意义 ● 七项原则 ● 三类内容 ● 六种方法	**任务一　了解学前儿童健康教育评价的意义和原则** 1. 意义 - 检验健康教育计划与方案的科学性与合理性 - 规范健康教育管理全过程 - 为有关部门制定决策提供依据 - 深化学前儿童健康教育改革 2. 原则 - 基本原则：方向性、全面性、可行性 - 结合原则：定量与定性、静态与动态、单项与综合、形成性与终结性 **任务二　掌握学前儿童健康教育评价的内容和方法** 1. 内容 - 活动评价 - 效果评价 - 教师评价 2. 方法 - 观察、访谈、问卷调查、自评与他评、案例分析、测试

总结栏

1. 核心要点
- 多元整合：多种评价原则、内容、方法的整合应用
- 双重导向：既关注过程也关注结果
- 立体评价：定量与定性、静态与动态评价相结合
- 发展性：既有形成性评价也有终结性评价

2. 实践启示
- 将评价融入日常教育实践，使其成为提升健康教育质量的常态化工具，而非阶段性任务

3. 记忆助手
- 意义："检规决深"（检验、规范、决策、深化）
- 原则："三基四合"（方向、全面、可行+四个"结合"）
- 内容："活效师"（活动、效果、教师）
- 方法："观访问评案测"（六种方法）

任务一　了解学前儿童健康教育评价的意义和原则

任务分析

本任务旨在探讨学前儿童健康教育评价的意义以及评价过程中应遵循的原则。通过本任务的学习，学生能够了解评价在改善和促进学前儿童健康教育中的作用，以及评价在确保教育计划科学性、合理性中的重要性。

知识准备

一、学前儿童健康教育评价的意义

学前儿童健康教育评价是指根据学前儿童健康教育的目标，依据一定的标准和程序，选择有代表性的评价参数，有计划、有目的地进行科学调查，考核学前儿童健康教育的重要方面，对学前儿童健康教育的个人价值和社会价值做出判断的过程。学前儿童健康教育评价是科学制订学前儿童健康教育计划的基础和依据，通过评价，能够更好地把握学前儿童健康教育的客观现状，准确地发现学前儿童健康教育中存在的问题，及早采取干预措施，从而改善学前儿童健康水平，促进学前儿童全面健康发展。

（一）检验健康教育计划与方案的科学性与合理性

学前儿童健康教育评价有助于检验学前儿童健康教育计划和方案是否符合学前儿童身心发展的普遍需求，是否把握住了学前儿童成长中的主要健康问题，也有助于检验是否通过健康教育促进了学前儿童健康态度和健康行为的改变，是否激发了学前儿童学习健康知识的积极性，是否达到了健康教育的预期目的。

（二）规范健康教育管理全过程

学前儿童健康教育评价依据一定的标准与程序，对学前儿童健康教育计划、实施、反馈全过程进行评价，涉及健康教育的对象、内容、形式与方法、效果等，有助于规范学前儿童健康教育全过程。

（三）为有关部门制定决策提供依据

学前儿童健康教育评价基于学前儿童健康水平和健康教育的客观现状，发现与分析问题，收集与整理相关信息，为教育等相关部门制定决策提供依据，提高决策的合理性。

（四）深化学前儿童健康教育改革

学前儿童健康教育评价是健康教育的全过程评价，评价过程中发现的教育瓶颈与普遍性问题，能帮助教育工作者认清健康教育改革的重点与方向，深化学前儿童健康教育改革，促进学前儿童健康发展。

二、学前儿童健康教育评价的原则

（一）方向性原则

方向性原则是学前儿童健康教育评价的基本原则。学前儿童健康教育是以学前儿童身心发展规律和社会发展需求为依据，有目的、有计划地促进学前儿童健康发展的教育活动，其本身具有明确的方向性，因此，学前儿童健康教育评价也必须保证与学前儿童健康教育方向的一致性，评价目标不清、方向不明，容易导致教育测量失效和教育质量下降等。坚持方向性原则，需要有正确的健康教育观和健康教育评价观，明确评价目的、把握评价方向。学前儿童健康教育评价的目的在于评估学前儿童健康教育计划的科学性和合理性，促进学前儿童全面健康发展。

（二）全面性原则

全面性原则要求依据学前儿童健康教育的总目标，制定全面的学前儿童健康教育评价指标与标准，全面收集评价资料，利用多维数据进行分析，全面反映健康教育的成效与问题等。例如，在评价学前儿童健康行为习惯时，不仅要了解学前儿童在幼儿园中的表现，还要明晰学前儿童在家中的表现，这样才能对其健康行为习惯是否养成进行客观的评价。

（三）可行性原则

可行性原则要求学前儿童健康教育评价内容与手段等具有可操作性。评价内容要与《指南》和相关政策一致，评价指标与标准要科学合理，考虑广度与深度；评价手段实践性和操作性要强，同时考虑评价过程中人力、物力、财力的投入等。要保证学前儿童健康教育评价切实可行，应做到以下两点：（1）评价指标体系要简便易测。指标体系需科学合理，同时解决好测量指标全面、先进和适度之间的矛盾，力求做到施测时既量力而行，又保证指标体系的切实可行。（2）评价指标具有一致性和普遍性。学前儿童健康教育评价指标要与国家规定的相关标准和要求一致，不能降低；在同一范围内，对相同的评价对象必须采用统一的标准。

（四）定量评价和定性评价相结合的原则

学前儿童健康教育评价依据评价对象、内容、方式和手段的不同，既需要定量评价又需要定性评价，更需要把两者结合起来进行评价。定量是定性的基础，定性是定量的出发点和结果。定量评价采取定量的方法，收集和处理数据资料，对评价对象得出定量的评价结论，目的是使健康教育评价尽量客观、科学。定性评价是通过谈话、观察等方式，整理分析信息资料，对评价对象得出定性的评价结论。学前儿童健康教育的过程和结果是多元的，只有将定量评价和定性评价相结合，才能全面、综合地做出客观的评价。

（五）静态评价和动态评价相结合的原则

学前儿童健康教育静态评价和动态评价关注的重点不同。静态评价关注每一个年龄阶段的学前儿童是否达到了某种标准，侧重学前儿童间的横向比较，以发现某一学前儿童成长中的问题；动态评价则关注学前儿童不同发展阶段的纵向比较，便于看清每个学前儿童的发展变化过程，从而发现其发展的规律。静态评价与动态评价各有所长，应相互结合、综合评价。

需注意的是，在学前儿童面前慎用横向比较，横向比较只限于分析资料时使用，以便更好地发现每个学前儿童发展的特点，从而制定出适合每个学前儿童发展的目标。

（六）单项评价和综合评价相结合的原则

学前儿童健康教育内容丰富，各方面教育内容既具有相对独立性，相互之间又有联系性。独立性要求评价具体到每一个方面。而联系性要求必须对学前儿童健康教育的总体情况进行评价，将单项评价和综合评价相结合，全面评价学前儿童健康教育。应当注意，综合评价不是单项评价的简单相加，各单项评价之间应是有机关联的。

（七）形成性评价和终结性评价相结合的原则

形成性评价是对教育活动过程的效果进行的评价，能够帮助教师及时把握健康教育的状态并且做出调整。例如，在幼儿园安全制度评价过程中，形成性评价就是为了评价安全制度本身的完备性、合理性和执行性。终结性评价是在某一项健康教育活动告一段落时，对最终结果进行的价值判断。例如，对入园一年的学前儿童进行身心发展的终结性评价，它是检验幼儿园健康教育工作质量的重要指标之一。学前儿童健康教育是连续的，形成性评价与终结性评价应相互结合，从而及时发现问题，完善教育过程，促进学前儿童的身心健康发展。

除以上原则外，不同地区、不同学前教育机构还应结合各自的实际情况，考虑采用全面评价与重点评价相结合、阶段性评价与具体教育活动评价相结合、教师教学评价与学前儿童发展评价相结合等原则指导学前儿童健康教育评价。

课堂讨论

1. 在学前儿童健康教育评价中，如何确保评价目标与学前儿童的身心发展需求相一致？

2. 如何在学前儿童健康教育评价中应用全面性原则？

3. 可行性原则对学前儿童健康教育评价指标的制定有什么影响？

实例分析

某幼儿园实施了一项针对学前儿童健康饮食习惯的教育项目。该项目旨在通过互动教学、饮食规划活动和家长参与来改善学前儿童的饮食习惯。在该项目实施过程中，幼儿园每周组织学前儿童参与健康食品制作活动，如制作水果和蔬菜沙拉，并邀请家长参与月度健康饮食研讨会。此外，幼儿园还与家长合作，制订健康的家庭饮食计划，并进行定期跟踪。

讨论问题： 如何使用定量和定性评价相结合的方法来全面了解该项目的影响？如何设计一个可操作的评价方案，以评估学前儿童饮食习惯的改变和家长的参与度？

任务测评

一、单选题

1. 学前儿童健康教育评价的目的是（　　）。

A. 仅评估教育计划的执行性

B. 评估健康教育计划的科学性和合理性，并促进学前儿童全面健康发展

C. 专注于评估教师的教学方法

D. 评估幼儿园的基础设施

2. 在学前儿童健康教育评价中坚持全面性原则，要求我们（　　）。

A. 只关注学前儿童的学校表现

B. 综合评价学前儿童在不同环境下的表现

C. 仅评价学前儿童的身体健康

D. 关注学前儿童的学习成绩

二、实务题

1. 找一所幼儿园，为其设计一个评价方案，用于评估该幼儿园健康饮食教育项目的有效性。要求包括评价指标、数据收集方法以及如何处理和解读数据。

2. 将全班学生分成若干小组，每个小组由一名学生扮演幼儿园教师，部分学生扮演学前儿童，模拟进行健康教育活动，其余学生扮演评课教师，根据评价原则和方法，对活动进行评价并撰写评价报告。

任务小结

本任务重点探讨了学前儿童健康教育评价的意义以及评价过程中需要遵循的原则。学生深入了解了学前儿童健康教育评价的目的，以及它在改善和促进学前儿童健康教育中的重要作用。此外，本任务还探究了学前儿童健康教育评价在促进健康教育改革和提高决策合理性中的关键作用。

任务二　掌握学前儿童健康教育评价的内容和方法

任务分析

本任务旨在深入探讨学前儿童健康教育评价的内容和方法。评价内容包括对学前儿童健康教育活动的评价、对学前儿童健康教育效果的评价，以及对教师的评价。评价方法部分介绍了观察法、访谈法、问卷调查法、自评与他评法、案例分析法、测试法等方法，同时提供了相应的评价工具和策略。

知识准备

一、学前儿童健康教育评价的内容

（一）对学前儿童健康教育活动的评价

对学前儿童健康教育活动的评价包括教育活动准备工作的评价、教育活动设计和实施过程的评价、近期影响或效果的评价、健康教育目标体系的评价四个方面。

第一，学前儿童健康教育活动准备工作的评价。具体评价内容包括：（1）评价教育活动是否满足不同年龄、性别、发展水平儿童的需要、兴趣和已有经验。（2）评价活动总目标与分目标的合理性与支撑性，如是否以健康教育领域总目标为依据，根据不同年龄阶段进行目标分层；在设定目标时是否考虑到螺旋式上升的特点；是否从目标指向的紧迫性、针对性、即时性等方面考虑各级目标的轻重缓急。（3）评价活动策略和实施措施是否可行，是否符合教育对象以及其他各方面的客观情况。

第二，学前儿童健康教育活动设计和实施过程的评价。具体评价内容包括：（1）评价教育活动设计质量。例如教育活动设计是否考虑不同阶段教育对象的经验水平、学习特点，教育材料的可获得性，以及与其他领域课程的整合等。（2）评价教育活动实施过程中的组织、领导、协调、控制、创新等情况。如是否有效利用家庭、社区和幼儿园资源开展立体式健康教育活动。（3）评价教育活动实施过程中所选择和组织的教学内容与材料、运用的方法与技术、采用的教育途径与组织形式等方面的质量和效果。如体育活动中的运动材料是否丰富、活动空间是否适宜以及运动规则是否合理，是否有助于学前儿童获得足够的活动和充分的锻炼。（4）评价教育活动实施过程的效率和效益等。如幼儿园内锻炼场所的安排是否能增加学前儿童体育锻炼的机会，是否能提高幼儿园健康教育资源的有效性。

第三，学前儿童健康教育活动的近期影响或效果的评价。近期影响或效果指在健康教育活动实施基本结束后一年之内，通过观察、调查或者测量而得到的结果。评价内容主要包括：学前儿童对有关健康知识和技能的掌握情况；学前儿童对健康问题的价值观、态度和信念的变化状况；学前儿童卫生习惯和行为的变化情况；学前儿童的生长发育、患病率和死亡率等指标情况。

第四，学前儿童健康教育目标体系的评价。学前儿童健康教育目标体系的评价内容主要包括：学前儿童健康教育活动所产生的社会价值和效益、社会对学前教育机构健康教育的参与和支持程度等。

（二）对学前儿童健康教育效果的评价

对学前儿童健康教育的效果可从环境和课程维度来评价，更重要的是根据学前儿童的健康水平和健康行为来评价。其中，健康水平评价内容包括生长发育状况、营养状况、患病率、心理健康水平、社会适应能力、运动能力和动作水平等；健康行为评价内容包括健康行为习惯、生活自理能力、自我保护能力等。

（三）对教师的评价

《幼儿园教师专业标准（试行）》对幼儿园教师的评价主要从幼儿园教师的专业理念与师德、专业知识、专业能力三个方面进行。因此，在学前儿童健康教育评价中，对教师主要从教师的健康教育专业理念与师德、健康教育专业知识、组织健康教育活动的专业能力等方面进行评价。

第一，健康教育专业理念与师德。专业理念与师德在幼儿园教师的专业素养中处于核心地位，根据《幼儿园教师专业标准（试行）》，它包括“职业理解与认识”“对幼儿的态度与行为”“幼儿保育和教育的态度与行为”“个人修养与行为”等。在健康教育活动中，对教师的专业理念与师德也主要是从这四个方面进行评价。

第二，健康教育专业知识。《幼儿园教师专业标准（试行）》强调了教师必须掌握的核心专业知识，分为三个关键领域："幼儿发展知识""幼儿保育和教育知识""通识性知识"。首先，幼儿发展知识要求教师深入了解学前儿童在不同年龄阶段的身心发展规律、个体差异及常见问题，并熟悉与儿童权利相关的法律法规。其次，幼儿保育和教育知识要求教师掌握健康教育的基本知识，如教育目标、内容、途径、方法和策略等，这对于制订有效的健康教育计划至关重要。最后，通识性知识不仅是教师的基础知识储备，也经常作为教学内容的一部分，对于有效传达健康教育理念和开展健康教育实践具有重要意义。这三个领域的知识共同构成了幼儿园教师的专业知识框架，旨在全面提升教师的专业能力，以更好地促进学前儿童的全面发展。

第三，组织健康教育活动的专业能力。教师组织健康教育活动所需具备的专业能力主要包括健康教育活动环境的创设与利用、一日生活的组织与保育、健康教育游戏活动的支持与引导、健康教育活动的计划与实施、激励与评价、沟通与合作、反思与发展等。对教师组织健康教育活动的专业能力主要从以上七个方面进行评价。

二、学前儿童健康教育评价的方法

（一）观察法

观察法是最常用的评价方法之一，是指教师通过在日常教育活动中有意识地观察学前儿童的行为、表现和反应，记录并分析他们的健康知识、态度和行为的变化。观察法的优势在于能够真实反映学前儿童在自然环境中的表现，适合对学前儿童进行全面、持续的评价。教师可以采用系统观察和非系统观察两种方式。系统观察通常基于预设的评价指标进行，如卫生习惯、饮食习惯、体育参与度等。非系统观察则更多关注学前儿童在自由活动中的自然表现。例如，在一次户外体育活动中，教师通过观察发现一名学前儿童每次都选择较少运动量的游戏，并且在活动中显得缺乏活力。教师通过记录和分析该儿童的行为，了解到他可能存在身体协调性不佳或体能不足的问题，于是在后续的活动中，有针对性地为他设计了增强体能的活动，帮助他逐渐提高身体素质。

（二）访谈法

访谈法是指通过与学前儿童、家长或其他相关人员进行面对面的交流，获取关于学前儿童健康教育成效的直接信息。访谈可以是结构性或非结构性的。结构性访谈依照预定的提纲逐项进行，能够确保信息的全面性和一致性；非结构性访谈则更加灵活，能够根据谈话的进展深入探讨某些问题。访谈法可以补充观察法无法获取的深层次信息，特别是学前儿童的内在态度、家长的看法等，有助于形成更全面的评价。例如，在一次家长开放日活动后，教师对一名学前儿童的家长进行了访谈。通过访谈，教师了解到该儿童在家里不愿意自己吃饭，而更喜欢父母喂她。了解到这一信息后，教师决定在课堂上增加关于独立进餐的教育内容，并与家长一起鼓励她在家里尝试自己用餐，最终帮助她克服了依赖父母喂饭的习惯。

（三）问卷调查法

问卷调查法是指通过设计调查问卷，收集学前儿童、家长或其他相关人员对健康教育活动的反馈和意见。问卷中的问题可以是选择题、判断题或开放性问题，内容涉及学前儿童的健康知识、态度、行为以及家长对学前儿童健康教育的支持情况等。问卷调查法的优点在于可以在短时间内收集到大量数据，便于统计分析和量化评价结果。问卷设计应简洁明了，针对学前儿童的问卷在问题设置上要符合学前儿童的理解水平，确保调查结果的准确性。例如，教师设计了一份关于学前儿童饮食习惯的问卷，分发给家长填写。问卷内容包括学前儿童的饮食偏好、进餐规律、家长对健康饮食的认知等。通过分析问卷结果，教师发现部分学前儿童存在挑食问题，于是决定在接下来的教学中增加关于营养均衡的教育内容，帮助家长和学前儿童共同改进饮食习惯。

（四）自评与他评法

自评是指让评价对象对自身的表现进行反思和评价，有助于培养评价对象的自我认知和反思能力。他评则是对评价对象在健康教育活动中的表现进行外部评价，提供客观的反馈和指导。自评与他评的结合，可以促进学前儿童和教师对教育活动的多角度理解和反思，提高教育效果。例如，在一学期的体育教育活动结束后，教师让学前儿童进行自评，每个学前儿童填写一张简单的自评表，内容包括他们最喜欢的体育活动、认为自己在哪些方面进步最大，以及哪些方面还需要加强。与此同时，教师也进行了他评，结合学前儿童的自评表，给予他们具体的建议和鼓励。通过这种方式，教师帮助学前儿童认清了自己的优点和不足，并制定了下一阶段的体育活动目标。

（五）案例分析法

案例分析法是指通过对典型的健康教育活动或事件进行详细分析，评估其对学前儿童的健康发展产生的影响。教师可以选择具有代表性的活动案例，深入分析活动的设计、实施过程以及学前儿童的表现，从中总结出成功的经验或存在的问题。这种方法有助于教师从具体实践中提炼教育规律，提升健康教育的科学性和实效性。例如，在一次防火安全教育活动中，教师设计了一次火灾逃生演练活动。活动结束后，教师对整个活动过程进行了详细的分析，评估学前儿童在活动中的反应、应急技能的掌握情况以及活动的整体效果。通过分析，教师发现部分学前儿童在紧急情况下会表现出恐惧和犹豫，于是决定在未来的课程中加强心理素质和应急技能的教育，确保每个学前儿童在紧急情况下都能冷静应对。

（六）测试法

测试法主要通过量化的指标评价学前儿童的身体健康状况和体能发展水平，常见的测试项目包括跑步、跳远、柔韧性测试等。测试法能够直观反映学前儿童的身体素质变化，是衡量体育教育效果的重要工具。测试应结合学前儿童的年龄特点进行，确保安全和可操作性。例如，在某幼儿园的一次体能测试日，教师安排了多项体能测试，包括短跑、立定跳远和柔韧性测试。通过测试结果分析，教师发现部分学前儿童的跳远成绩显著低于同龄儿童，表现出下肢力量不足的问题。为此，教师在接下来的体育活动中特别安排了一些增强腿部力量的游戏，帮助他们逐步提高体能。

课堂讨论

1. 在学前儿童健康教育评价中，如何确保评价符合不同年龄、性别和发展水平儿童的需求？

2. 如何设计和实施有效的问卷调查，以评估学前儿童的健康习惯和行为？

3. 在评估幼儿园教师的健康教育专业能力时，应重点关注哪些方面？

实例分析

某幼儿园启动了一个为期6个月的健康生活习惯培养项目，旨在培养学前儿童的个人卫生习惯、健康饮食意识和安全意识。项目包括定期的健康教育课程、互动式健康习惯演练和家长参与的健康生活工作坊。具体的实施过程包括：（1）个人卫生。教师通过有趣的故事和游戏教授学前儿童正确的洗手、刷牙方法，并安排每天的实践活动。（2）健康饮食。通过互动课程和工作坊，让学前儿童了解不同食物的营养价值，鼓励他们尝试各种健康食物。（3）安全意识。举办安全知识讲座和紧急情况演练，让学前儿童掌握火灾逃生、交通安全等方面的知识。（4）项目评价。采用观察法和问卷调查法对项目进行评价。教师在日常活动中观察学前儿童的卫生习惯和饮食选择，同时通过问卷调查法收集家长对学前儿童行为变化的反馈。

讨论问题：这个项目能否有效培养学前儿童的个人卫生习惯、健康饮食意识和安全意识？该项目哪些方面最为成功，哪些方面需要改进？家长在培养学前儿童健康生活习惯的过程中扮演了什么角色？他们的参与会如何影响项目的成效？项目完成后，如何确保学前儿童形成的健康习惯能够维持下来并应用于日常生活中？基于评价结果，应如何改进该健康教育项目的内容和方法，以使其更有效、更有趣味性？

• 任务测评 •

一、单选题

1. 在进行学前儿童健康教育评价时，哪种方法能有效地收集家长对学前儿童行为变化的反馈？（　　）

A. 观察法　　B. 访谈法　　C. 测试法　　D. 案例分析法

2. 在学前儿童健康教育评价中，对教师的评价主要侧重于以下哪个方面？（　　）

A. 教师的职业年限　　B. 教师的健康教育专业知识

C. 教师的个人喜好　　D. 教师与学前儿童家长的关系

二、实务题

1. 面向家长设计一份关于学前儿童饮食习惯的问卷。问卷应包含至少三个问题，旨在了解学前儿童的饮食多样性、饮食偏好和家长对学前儿童饮食习惯的看法。

2. 观察并记录一名学前儿童在户外活动中的行为表现，重点观察该儿童在团体游戏中的参与度、与同伴的互动情况以及对安全指导的响应。根据观察结果，提出促进该儿童社交和安全意识发展的建议。

• 任务小结 •

本任务深入探索了学前儿童健康教育评价的核心要素和多元化方法。学生应重点关注教育活动的周全评估，涉及准备工作、设计与实施过程、近期影响或效果，以及目标体系。同时，特别强调了对教师角色的综合评价，包括他们的专业理念与师德、专业知识及在健康教育中展现出的专业能力。此外，本任务还提供了一系列评价方法，如观察法、访谈法、问卷调查法、自评与他评法、案例分析法、测试法，以期全面、立体地捕捉学前儿童健康发展的各个维度。

思政园地

思政元素	具体内容
强化教育评价的社会价值与责任感	强调学前儿童健康教育评价不仅是对学前儿童个体健康发展的关注，更是承担社会责任的体现。在评价过程中，强调教师、家长、社区等多方共同参与，共同肩负起促进学前儿童健康成长的责任，增强社会责任感。
促进教育公平与教育改革	在评价过程中强调考虑学前儿童的性别、年龄、发展水平等差异，确保每个学前儿童都能获得适宜的健康教育和关注，体现了教育公平的重要性。同时，通过评价指导教育改革，不断优化教育内容和方法，体现了教育的发展性和前瞻性。
强调科学性和合理性原则	在评价过程中强调科学制订健康教育计划和评价标准，体现了对科学理念的尊重和追求。这也符合培养具有科学素养、理性思维的学前儿童的教育目标。
彰显学前儿童全面健康发展理念	评价不仅关注学前儿童的身体健康，还关注其心理健康、社会适应能力等多方面，体现了对学前儿童全面发展的重视。这与当代教育的目标——培养全面发展的人才是一致的。
强调实践性和操作性	强调评价方法的实践性和操作性，鼓励学生通过实际操作来理解和掌握健康教育评价的方法。这符合培养学生实践能力和创新精神的教育要求。

参考文献

［1］李季湄，冯晓霞.《3～6岁儿童学习与发展指南》解读［M］. 北京：人民教育出版社，2013.

［2］王娟. 学前儿童健康教育［M］. 2版. 上海：复旦大学出版社，2016.

［3］纪艳红，刘超. 幼儿安全管理与教育［M］. 北京：清华大学出版社，2018.

［4］顾荣芳，侯金萍. 学前儿童健康教育［M］. 北京：人民教育出版社，2020.

［5］刘文. 幼儿心理健康教育［M］. 2版. 北京：中国轻工业出版社，2021.

［6］高庆春. 学前儿童健康教育［M］. 4版. 北京：高等教育出版社，2021.

［7］庞建萍，柳倩. 学前儿童健康教育与活动指导［M］. 3版. 上海：华东师范大学出版社，2023.

［8］陈雅芳. 学前儿童健康教育与活动指导［M］. 4版. 北京：教育科学出版社，2024.